MW01233545

L'ORDRE

DES

FRANCS-MAÇONS

TRAHI,

ET

LE SECRET

DES MOPSES

RÉVÉLÉ.

A AMSTERDAM.

M. DCC. LVIII.

PRÉFACE
NÉCESSAIRE.

Qui dit un homme, dit un animal curieux ; témoin nos premiers Parens ; témoin nous-mêmes, tous tant que nous sommes. N'examinons pas si cette curiosité est une vertu ou un défaut, ni quels font les caractéres qui la font être ou l'une ou l'autre : appellons-la vertu, j'ai mes raisons pour cela. La chose ainsi décidée, je puis me vanter, en toute sûreté, d'être l'homme le plus curieux qu'il y ait sur la terre. Depuis que je me con-

nois , je me fuis fenti une
inclination dominante pour
tout ce qui avoit l'empreinte
du merveilleux , ou feulement du fingulier ; fur-tout
lorfque j'y trouvois avec cela
l'affaifonnement du Myftére.
Rien ne m'a couté pour fatisfaire cette paffion de favoir : j'ai lu , j'ai voyagé , j'ai
fouillé par-tout, j'ai cherché
à connoître tout ce qu'il y a
de gens qui fe font rendus
fameux par quelque Secret,
& fouvent je le leur ai acheté
bien cher. Enfin, à force de
peines & de dépenfes , je fuis
parvenu à faire de ma tête,
le magazin de fadaifes le
mieux fourni , fans vanité,

qu'il y ait en Europe. Car il faut que vous fachiez, ami Lecteur, que ce n'eft pas précifément l'utile que j'ai eu en vue; c'eft de quoi je me fuis peu mis en peine. Je n'ai eu pour objet que de découvrir ce que l'on s'obftinoit à me cacher, de favoir ce que la plupart des hommes ignorent; en un mot, de devenir un Savant d'une efpéce toute finguliére.

Je me propofe bien de régaler un jour le Public, du fruit de mes longues & laborieufes recherches : mais comme les tréfors que je lui deftine, pourroient bien, au premier coup d'œil, ne point

paroître tels à tout le monde, j'ai cru devoir le préve-
nir auparavant en ma faveur,
par la publication d'un Ouvrage qui ne peut manquer
d'être généralement applau-
di. Vous jugez bien , Lecteur , que dans cette multi-
tude de chofes que j'ai ap-
prifes , il n'eſt pas poſſible
qu'il ne s'en trouve de bonnes. Auſſi n'ai-je garde de
mettre celle-ci au rang des
fadaiſes dont j'ai parlé , ni de
ces choſes purement curieu-
ſes ou ſinguliéres , dont on
ne ſauroit ſentir le mérite , à
moins que d'être né , comme
moi , avec un gout décidé
pour tout ce qui n'eſt pas

commun. Le fujet de ce Livre eft important : il intéreffe tout le monde ; les uns, par la figure qu'ils y font eux-mêmes ; les autres, par le motif de la curiofité. La matiére y eft traitée à fond : en un mot, ce font les Myftéres du très-myftérieux , très-ancien & très-vénérable Ordre des Francs-Maçons.

Comme j'étois occupé à mettre mon Manufcrit au net, j'appris que mon Libraire alloit imprimer deux Brochures qu'on lui avoit envoyées de Paris, l'une intitulée : *Le Secret des Francs-Maçons ;* & l'autre : *Le Catéchifme des Francs-Maçons.* Je les lui em-

a 4

pruntai, & après les avoir lues, je vis qu'on m'avoit abrégé une grande partie de mon travail : en effet, quoique l'Auteur du *Secret des Francs-Maçons* ne donne pas une idée complette de cet Ordre fameux, & qu'il fe trompe à divers égards, ce qu'il dit eft en général fi conforme à la vérité, & conté avec tant d'agrément, que je confeillai au Libraire d'imprimer la Piéce telle qu'elle étoit, fauf à y joindre un Supplément, pour en corriger les fautes & en remplir les omiffions. Pour le *Catéchifme*, je n'en jugeai pas fi favorablement. On y trouve, à la vérité, la Réception des Maîtres, avec l'Hiftoire d'Hiram ou d'Adoniram, omifes ou mal rapportées dans le *Secret des Francs-Maçons* ; & les principales Queftions que les Fréres fe font entre eux pour fe reconnoître : mais il y a tant d'omiffions, fur - tout dans le Catéchifme proprement dit, qu'il a fallu me contenter d'en extraire ce qu'il y avoit de bon, * & changer

---

* Afin que l'Auteur n'ait rien à me reprocher, je vais mettre ici une Remarque qu'il fait, page 53. & qui mérite en effet d'être confervée. " Je conviens, *dit-il*, que j'aurai peut-
   „ être (*il pouvoit parler plus affirmative-*
   „ *ment*) omis dans ce Catéchifme quelques
   „ Demandes & quelques Réponfes qui ont
   „ échappé à ma mémoire ; mais j'ofe affurer
   „ qu'il renferme les principales, & qu'il en

ou suppléer entiérement le reste. J'y ai donc ajouté quantité de choses * que mes Recueils m'ont fournies; & de

,, contient beaucoup plus qu'aucun Doc-
,, teur de la Loi des Francs-Maçons n'en
,, fait; car il y en a grand nombre , même
,, parmi leurs Législateurs, qui seroient fort
,, embarrassés de révéler tous leurs Mystéres,
,, malgré l'envie qu'ils pourroient en avoir,
,, la plupart n'ayant pratiqué & n'ayant eu
,, en vue que les Cérémonies de la Table.

* Les plus considérables de ces Additions, sont : le Chiffre des Francs-Maçons; une Explication exacte de leurs Signes & de leurs Mots ; des Remarques sur divers Usages de la Maçonnerie, dont je n'ai pas eu occasion de parler ailleurs ; & deux Plans de Loges, différens de ceux qu'a donnés l'Auteur du *Catéchisme.* Je n'ai pourtant pas cru devoir supprimer ceux-ci, parce qu'il n'est pas impossible qu'il y en ait de tels, vu l'ignorance de bien des *Maîtres* par rapport aux Cérémonies de l'Ordre. Je ne parle point ici des *Mopses;* c'est un Morceau tout neuf.

tous ces membres, jufqu'a-
lors difperfés, j'ai formé un
Corps complet de Science
Franc-Maçonne.

Afin, donc que le Lecteur
fache à quoi s'en tenir, je
dois l'avertir qu'il peut faire
fond fur ce qui eft dit dans le
Secret des Francs-Maçons, à
quelque peu d'articles près, *
qui fe trouvent rectifiés dans
la fuite ; qu'à l'égard des omiſ-
fions, j'y ai mis ordre dans le
Supplément : mais que pour
le Supplément même, il peut
y ajouter une foi entiére.

* Les principaux de ces articles font la Réception des Maîtres, l'Hiftoire d'Hiram ou
Adoniram, l'énumération & l'explication des
Signes & des Mots ; fur quoi il faut abfolument avoir recours au Supplément.

C'eſt dans cet état que je
ſuis convenu avec mon Li-
braire de publier ce Recueil.
Il n'y a qu'un ſeul article ſur
quoi nous avons eu de la
peine à nous accorder ; c'eſt
celui du Titre : car Meſſieurs
les Libraires, quand ils ſont
poſſeſſeurs d'un Manuſcrit,
s'arrogent le droit de lui donner le nom qu'il leur plait.
Il a voulu abſolument intitu-
ler cet Ouvrage : *L'Ordre des
Francs-Maçons trahi.* J'ai eu
beau repréſenter que ce Titre portoit avec ſoi une note
d'infamie pour la perſonne
de l'Auteur ; il a fallu céder :
mais ce n'a été qu'à condition de détruire cet odieux

foupçon dans ma *Préface* ; & c'eſt ce que je vais faire en m'adreſſant aux Francs-Maçons.

Oui, Meſſieurs, il eſt vrai, & très-vrai que vous êtes trahis ; mais vous allez voir que ce n'eſt point moi qui fuis le Traître ; voici le fait : Je vous ai dit que je fuis né exceſſivement curieux ; vous devez conclurre delà que vos Secrets n'ont pas manqué d'enflammer ma curioſité. Le plus court étoit de me faire Franc-Maçon ; mais le Serment que vous exigez, m'a toujours fait de la peine. Il a donc fallu chercher à me fatiſ-faire par quelque autre voie.

J'ai tout employé pour cela, & j'ai enfin trouvé un de vos Membres indignes, (car il y en a parmi vous, comme dans toutes les autres Sociétés) que j'ai ſu engager, par mes bienfaits, à me révéler vos Myſtéres. D'abord je me ſuis eſſayé ſur quelques-uns de vos Fréres, que j'ai tous fait donner dans le panneau. Enhardi par ce ſuccès, j'ai eu l'audace de m'introduire dans vos Loges; & depuis dix ans que je les fréquente, je me ſuis ſi bien mis au fait de tout ce qui concerne votre Ordre, que je me ſens en état de prêter le colet au plus profond de vos Docteurs. Vous pouvez en faire l'expérience, en vous adreffant à mon Librai-re; il aura foin de vous faire tenir mes réponfes.

Si vous êtes d'affez bonne foi, Meffieurs, pour conve-nir que ce que j'avance dans cet Ouvrage eft vrai, vous vous retrancherez fans doute à dire que ce n'eft pas tout, que je ne dis point en quoi confifte le *grand Secret* de vo-tre Ordre, & qu'il eft impof-fible que ce Secret foit jamais révélé. J'apprens même que déja quelques-uns de vous fe font exprimés de la forte, fur le bruit que mon Livre fait dans le monde avant que d'y paroître ; & c'eft effectivement ce que vous pouvez dire de plus propre à donner le change au Public, qui aura peine à croire que vos Myſtéres ſe réduiſent à ſi peu de choſe. Nous ſavons pourtant, vous & moi, ce qui en eſt ; & vous me permettrez bien de déclarer à ce même Public à qui vous voulez en impoſer, que je conſens à paſſer pour un impoſteur, s'il y a d'autres Secrets parmi vous, que ceux qui ſe trouvent dans mon Livre. *

Ceci

---

* Je n'ignore pas qu'il court un bruit vague parmi les Francs-Maçons, touchant un certain Ordre qu'ils appellent *les Ecoſſois*, ſupérieurs, à ce qu'on prétend, aux Francs-Maçons ordinaires, & qui ont leurs Cérémonies & leurs Secrets à part. Je ne déciderai rien

Ceci me fait fouvenir d'une avanture qui arriva, il y a quelques années, dans une des premiéres Villes d'Allemagne. Il faut que je vous la conte. Mr. le Marquis d'A.... que vous connoiffez, fans doute, par fes Ouvrages, réfiftoit depuis long-tems aux follicitations de fes amis, qui le preffoient de fe faire Franc-Maçon. Il n'avoit pas grande idée de la Société, & répondoit toujours qu'il n'y entre-

rien fur la réalité de cet Ordre, & j'aime mieux convenir que j'ignore leurs Myftéres, que d'en parler mal à propos. Ce que je puis affurer hardiment, c'eft que s'ils ont quelque Secret particulier, ils en font extrêmement jaloux, puifqu'ils le cachent aux *Maîtres* même de la Maçonnerie.

b

xviij *P R E F A C E*

roit point, à moins qu'on
ne lui expliquât d'avance en
quoi confiftoit l'engagement
qu'on vouloit lui faire prendre. Mais un jour fes amis le
perfécuterent tant, qu'ils le
firent fuccomber : il fe laiffa
mener à la Loge, paya les
foixante écus que l'on donne
d'entrée, * fubit patienment
toutes les Cérémonies de la
Réception, & fut admis à la
participation des Myftéres de
l'Ordre. Il ne croyoit pourtant pas les favoir encore;
car voyant qu'on ne lui difoit
plus rien, il fe tourna vers le

* Il s'en faut bien que cette Taxe ne foit
la même par-tout ; il y a des Loges à tout
prix, & j'en connois où l'on eft reçu moyennant trois ducats.

Grand-Maître, & lui dit d'un air railleur : *Eſt-ce tout, Mr. de B....? Vraiment oui*, repartit le Maître. *Oh! parbleu, vous vous moquez de moi*, reprit le Marquis; *vous ne me perſuaderez pas que ce ſoit là toute la Maçonnerie. Rien n'eſt pourtant plus vrai*, lui répondit encore une fois le Grand-Maître. *Cela étant*, dit le Marquis d'un ton ſérieux, *ayez la bonté, Meſſieurs, de me rendre mes ſoixante écus; ſinon dès demain, je fais mettre dans la Gazette toutes les fadaiſes que vous venez de m'apprendre. C'eſt donc là cette Maçonnerie qui fait tant de bruit dans le monde! En vérité, je n'aurois*

xx *PREFACE*

jamais cru que des gens raifon-
nables puffent traiter fi férieu-
fement de pareilles bagatelles.
Et comme il étoit réellement
piqué, il ajouta quantité de
chofes que je fupprime, pour
ne point trop échauffer les
oreilles Maçonnes. On lui
rendit fon argent, & l'Affemblée eut tant de confufion
de cette fcéne, qu'on affure
qu'elle eft regardée comme
une des plus grandes difgra-
ces dont il foit fait mention
dans les Annales de l'Ordre.

Je comptois, Meffieurs, m'é-
gayer un peu ici à vos dépens,
pour me venger d'avance du
mal que vous ne manquerez
pas de dire de moi : mais mon

infupportable Libraire s'y op-
pofe ; il prétend avoir pour
amis des Francs-Maçons très-
refpectables à tous égards ; &
je me rens d'autant plus volontiers à cette raifon, que
j'en ai moi-même de tels parmi
vous. Oui, Meffieurs, je re-
connois avec toute la fincé-
rité d'un honnête homme,
qu'il y a dans votre Ordre
un grand nombre de gens de
tous états, très-eftimables par
leur vertu & par leurs qualités
perfonnelles, & qui méritent
bien qu'en leur faveur on
faffe grace à un tas de faquins
qui vous deshonorent.

Je n'ai rien à dire fur le Morceau qui regarde les
Mopfes : la façon dont il eft écrit, me difpenfe d'y met-
tre ni Avertiffement ni Préface.

b 3

TABLE

Des Piéces contenues dans ce Livre.

Fin de la Table.

L E
S E C R E T
DES FRANCS-MAÇONS.

b 4

AU TRÈS-VÉNÉRABLE
FRÉRE PROCOPE,
MÉDECIN
ET FRANC-MAÇON,

L'un des Vénérables des vingt-deux
Loges établies à Paris.

VÉNÉRABLE,

Le vif intérêt que vous pre-
nez à tout ce qui concerne l'Or-
dre illustre des Francs-Maçons,
m'a déterminé à vous présenter
ce petit Ouvrage.

S'il paroit d'abord devoir faire quelque tort à la Confrérie Maçonne, il doit, ce me semble, d'un autre côté engager vivement les Chefs d'Ordres à terminer au plutôt le grand ouvrage de la Réformation qu'on médite depuis long-tems. On alloit, dit-on, chasser du Corps un nombre considérable de Fréres qui le deshonorent par la bassesse de leur caractére & par le vil intérêt qui les anime ; de vingt-deux Loges qui sont à Paris, on comptoit n'en conserver que douze.

Ce coup, également sage & terrible, mais nécessaire, n'a été différé si long-tems, que par la crainte que l'indiscrétion des exclus *irrités*, *ne révélât à l'Univers les sacrés Mystéres qu'aucun Profane n'auroit jamais pu pénétrer.*

Vous voyez à présent que vous n'avez rien à craindre de leur côté à cet égard, & vous pouvez hardiment arracher du Corps de votre auguste Société, des Membres ulcérés, qui ne méritèrent jamais d'y être admis.

Cette grande affaire terminée, il faudra, comme vous le sentez bien, faire aquisition de nouveaux Signes. Il seroit peu utile d'ajouter quelque chose aux anciens; vous seriez toujours exposés à quelque méprise: d'ailleurs, pourquoi épar-

gner dans une chose qui coute si peu?

Je vous laisse le soin d'instruire au plutôt de tout ceci les Sages de votre Ordre, tant en France qu'en Angleterre, afin de prendre de concert des Signalemens certains que vous ne confierez dans la suite qu'à des Sujets capables de les conserver fidélement. Il sera peut-être aussi à propos de publier qu'il n'y a pas un mot de vrai dans ce que je donne ici pour être le Secret des Francs-Maçons. Cette vive & persuasive éloquence, qui vous est si naturelle, vous répond d'avance que vous trouverez bien des crédules. Les Francs-Maçons & les

E P I T R E. xxix

Négociateurs ne doivent jamais convenir qu'on les a devinés. Je suis par trois fois,

VÉNÉRABLE,

Votre très-humble & très-obéiffant ferviteur

Cette Signature n'eft point dans l'Edition de Paris, il n'y a que l'Equerre & le Compas. L'Auteur ignoroit apparemment le Chiffre des Francs-Maçons; j'y ai fuppléé, en mettant ici fon nom.

AVERTISSEMENT.

Lorsqu'on eſt obligé de compoſer un Ouvrage avec la plus grande précipitation, il eſt impoſſible qu'il ne s'y gliſſe quelques redites, ou quelques négligences de ſtyle. Je fais volontiers des excuſes ſur celles qui pourront ſe rencontrer dans cet Ouvrage; mais j'ai cru devoir, en quelque façon, ſacrifier l'expreſſion à l'exactitude des faits que je rapporte. Si, par rapport à cet article, j'ai pu omettre quelque choſe, ou n'en pas dire aſſez, j'écouterai avec plaiſir tout ce qu'on me dira, & j'en ferai uſage pour perfectionner ce que je prépare actuellement fur cette matiére.

On trouvera à la fin de ce Volume un Recueil de Piéces de Vers & de Chanfons Maçonnes ; on les a imprimées d'après un petit Livre que les Francs-Maçons ont fait graver en 1737, où les Airs font notés. Quoiqu'on ne faffe aucun myftére de ce Livret, on ne le donne cependant qu'aux Fréres de l'Ordre ; il leur en coute un écu pour l'avoir. On m'a affuré qu'il y avoit tel Maître de Loge, qui ne donnoit pour tous gages à fes Domeftiques que le produit de ce mince Recueil. Il faut que le débit en ſoit conſidérable, ou que les Domeſtiques ſe contentent de peu.

J'aurois pu ajouter pluſieurs autres Chanſons qui ont été chantées dans différentes Loges ; mais en les examinant de près, je n'en ai trouvé que deux qui méritaſſent l'impreſſion : la plupart ſont trop peu de choſe pour être préſentées au Public, & quelques-unes m'ont paru un peu trop libres. Ces derniéres ont été apparenment compoſées pour ces Loges qui attireront bientôt, ſi on n'y remédie, la deſtruction totale de l'Ordre.

LE

LE
SECRET
DES
FRANCS-MAÇONS.

DE toutes les Sociétés que les hommes ont pu former entre eux depuis le commencement du Monde, il n'y en eut jamais de plus douce, * de plus sage, de plus

---

* Il y a un Ordre bien plus ancien que celui des Francs-Maçons, & dont le nom seul porte avec soi toute la *douceur* que pourroit souhaiter l'homme le plus difficile sur l'article : on l'appelle *l'Ordre de la Liberté*. Moïse, dit-on, en est le Fondateur : je crois qu'on ne peut guères dater de plus loin. Cet Ordre est encore en vigueur aujourd'hui. Les Associés portent à la boutonniére de la veste une Chaîne, d'où pend une espéce de Médaille, qui par sa figure repré-

A

utile, & en même-tems de plus finguliére, que celle des Francs-Maçons.

Unis enfemble par le tendre nom
de *Fréres*, ils vivent dans une intelligence qui ne fe rencontre que rarement, même parmi ceux que les liens
du fang devroient unir le plus étroi-
tement. Cette union intime, qui fait
tant d'honneur à l'Humanité en général, répand dans le commerce particulier que les Francs-Maçons ont

fente une des Tables de la Loi. A la place des
Préceptes, il y a d'un côté deux Aîles gravées,
avec cette Légende au-deffus : *Virtus dirigit alas.*
On fait que les aîles font le fymbole de la liberté. Sur le revers on voit une grande *M* qui
fignifie Moïfe ; au-deffous, quelques chiffres Romains ; & en-bas, en chiffres Arabes, 6743.
C'eft apparemment pour faire voir qu'ils favent
faire ufage de leur liberté, que ces Affociés ont
commencé par fupprimer une des Tables de la
Loi. On ne peut dire quelle eft celle qu'ils ont
confervée ; car on n'y voit aucune trace des
Commandemens de Dieu. Peut-être que le peu
qui en feroit refté, auroit été encore trop gê-
nant pour un Ordre où l'on ne refpire que la
liberté. Les femmes y font admifes, comme
de raifon.

entre eux, des agrémens dont nulle autre Société ne peut se flatter.

Comme mon dessein principal n'est pas de faire ici l'éloge des Francs-Maçons, je n'entreprendrai point de démontrer méthodiquement les Propositions que je viens d'avancer : ce font des vérités de fait, dont on pourra recueillir les preuves dans la suite de ma narration.

L'Ordre des Francs-Maçons a été exposé de tout tems à bien des contradictions. Le secret, qu'on observe scrupuleusement sur tout ce qui se passe dans l'intérieur de leurs Assemblées, a fait concevoir des soupçons très-desavantageux à l'Ordre entier.

Les Femmes qui veulent être partout où il y a des Hommes, ont été extrêmement scandalisées de se voir constanment bannies de la Société des Francs-Maçons. Elles avoient supporté plus patienment de n'être point admises dans plusieurs Ordres * qui

* Tels étoient l'Ordre de la *Méduse*, établi

A 2

ont fleuri en France à différentes reprises. C'étoient autant de Sociétés à Toulon par Mr. de Vibray; celui de la *Grappe*, à Arles, par Mr. de Damas de Gravaifon; celui des *Trancardins*, fi célébré par les belles Chanfons de Mr. L'Aîné; & enfin l'*Ordre de la Boiffon*, qui fe forma dans le Bas-Languedoc au commencement de 1703. Mr. de Pofquiéres, Gentilhomme du Pays, fut nommé Grand-Maître, & il prit le nom de *Frére François Réjouiffant*. Comme ce nouvel Ordre enchériffoit fur tous ceux qui avoient paru jufqu'alors, on lui donna le titre de l'*Etroite Obfervance*. J'ai cru faire plaifir au Public, d'en rapporter ici les Statuts; l'élégance, le gout, la délicateffe qui y regnent, donnent une idée bien favorable de l'Ordre & de l'Auteur.

Frére François Réjouiffant,
Grand-Maître d'un Ordre Bachique,
Ordre fameux & floriffant,
Fondé pour la fanté publique,
A ceux qui ce préfent Statut
Verront & entendront, Salut.

Comme l'on fait que dans la vie,
Chacun au gré de fes défirs,
Cherche à fe faire des plaifirs,
Selon que fon gout l'y convie;
Nous, qui voyons que nos beaux jours,
Et l'heureux tems de la jeuneffe,
Fuient avecque tant de viteffe,
Que rien n'en arrête le cours;

Bachiques, dans lesquelles on ne célé-
broit que le Dieu du Vin : on y chan-

Et voulant que le peu d'années
Qui nous conduisent à la mort,
Soient tranquiles & fortunées,
Malgré les caprices du fort ;
De notre certaine science,
Parmi la joie & l'abondance,
Débarrassés de tout souci,
Hors de celui de notre pance,
Nous avons, dans une Séance,
Dressé les Statuts que voici.

Dans votre auguste Compagnie
Vous ne recevrez que des gens
Tous bien buvans & bien mangeans,
Et qui mènent joyeuse vie.

Mêlez toujours dans vos repas
Les bons mots & les Chansonnettes ;
Buvez rasade aux amourettes ;
Mais pourtant ne vous grisez pas.

Que si, par malheur, quelque Frère
Venoit à perdre la raison,
Prenant pitié de sa misère,
Remenez-le dans sa maison.

Pour boire du jus de la treille,
Servez-vous d'un verre bien net ;
Mais n'embouchez pas la bouteille,
Car je sais quel en est l'effet.

Je veux que déformais à table
Chacun boive à sa volonté ;

A 3

toit pourtant quelques Hymnes à
l'honneur du Dieu de Cythère; mais
on se contentoit de chanter, tandis
qu'on offroit à Bacchus des sacrifices
très-amples & très-réels. Il ne fut pas
difficile d'éloigner les Femmes de pa-

Les plaisirs n'ont rien d'agréable,
Qu'autant qu'on a de liberté.

Ne faites jamais violence
A ceux qui refusent du vin ;
S'ils n'aiment pas ce jus divin,
Ils en font bien la pénitence.

Dans mes Hôtels, si d'avanture,
Un Frère salit ses discours
Par la moindre petite ordure,
Je l'en bannis pour quinze jours.

Que si ces peines redoublées
Sur lui ne font aucun effet,
Je veux que son Procès soit fait,
Toutes les Tables assemblées.

Gardez-vous sur-tout de médire;
Et lorsque vous serez en train
De vous divertir & de rire,
Ménagez toujours le Prochain.

Enfin, quand vous serez des nôtres,
Dans vos besoins secourez-vous ;
Le plaisir de tous le plus doux,
C'est de faire celui des autres.

reilles Sociétés; elles s'en exclurent elles-mêmes par vanité, & elles couvrirent du fpécieux prétexte de décence, ce qui n'étoit au fond qu'une attention réfléchie fur leurs charmes.

Elles ont penfé bien autrement de l'Ordre des Francs-Maçons. Lorfqu'elles ont fu avec quelle modération ils fe comportoient dans leurs repas, tant folemnels que particuliers, elles n'ont pu imaginer quelles étoient les raifons que ces refpectables Confréres avoient eues pour les exclurre de leur Société. Perfuadées que fans elles, les hommes ne peuvent gouter que des plaifirs criminels, elles ont donné les couleurs les plus odieufes aux délices dont les Francs-Maçons jouiffent dans leurs Affemblées.

Tous ces foupçons injurieux difparoitront bientôt, lorfque je décrirai ce qui fe paffe dans les Affemblées de la Maçonnerie. Il eft bien vrai que ce font les plaifirs qui les

A 4

raſſemblent; mais ils ne connoiſſent que ceux que le repentir ne ſuit jamais. Cela ſuppoſe un gout juſte & décidé, qui en les portant à tout ce qui eſt bon & aimable, leur inſpire en même-tems de ne rien rechercher avec paſſion. Cette paiſible ſituation du cœur, qui eſt bien éloignée de l'ennuyeuſe indifférence, fait naître ſous leurs pas des plaiſirs toujours nouveaux. Ils ſeroient peut-être plus vifs, s'ils étoient ſecondés des paſſions; mais ſeroient-ils auſſi doux, auſſi fréquens, auſſi durables? je m'en rapporte à ceux qui en ont fait l'expérience. Je prendrois auſſi volontiers pour Juges les femmes elles-mêmes; mais je n'écouterois que celles que la maturité de l'âge, ou la décadence de quelques appas, rendent ſuſceptibles de certains accès de raiſon.

Un ſoupçon d'une autre eſpéce a paru mériter bien plus d'attention. On avoit imaginé qu'il y a tout à craindre pour là tranquilité de l'Etat, de la part d'une Société nombreuse de gens de mérite, unis si intimement sous le sceau du secret. On a cru d'abord qu'en éloignant les Femmes de leurs Assemblées, ils avoient eu en vue d'en bannir l'inutilité & l'indiscrétion, pour se livrer entiérement aux affaires les plus sérieuses.

Je conviens que ce soupçon avoit quelque chose de spécieux. En effet, si la passion d'un seul homme a pu, comme on l'a vu plus d'une fois, causer dans un Etat d'étranges révolutions, que seroit-ce si un Corps aussi nombreux & aussi uni que celui dont je parle, étoit susceptible des impressions séditieuses d'intrigues & de cabales, que l'orgueil & l'ambition ne mettent que trop souvent dans le cœur de l'homme?

On n'a rien à craindre des Francs-Maçons sur cet article. Ils portent dans le cœur l'amour de l'Ordre &

de la Paix. Auſſi attachés à la Société
Civile qu'ils ſont unis entre eux, c'eſt
à leur École qu'on peut apprendre,
plus efficacement que de la bouche
de ceux qui inſtruiſent par état, quel
reſpect, quelle ſoumiſſion, quelle vé-
nération nous devons avoir pour la
Religion, pour le Prince, pour le
Gouvernement : c'eſt chez eux que
la ſubordination, mieux pratiquée
que par-tout ailleurs, eſt regardée
comme une vertu, & nullement
comme un joug. On s'y ſoumet par
amour, & non point par cette baſſe
timidité, qui eſt le mobile ordinaire
des ames lâches & communes.

C'eſt en Angleterre * que les Francs-

* L'Angleterre eſt le Pays où l'on forme le
plus de Sociétés particuliéres. On les appelle
Cotteries. On y a vu les Cotteries des *Gras* &
des *Maigres*, -- des *Rois*, -- de *Saint-George*,
-- des *Voiſins logés dans une même rue*, -- des *Ni-
gauds* & des *Buveurs de Bierre de Brunſwick*,
-- des *Duelliſtes*, -- de *deux ſols*, -- des *Laids*,
-- des *Gants à frange*, -- des *Amoureux*, -- la
Cotterie Hebdomadaire, --la *Cotterie Eternelle*,
& nombre d'autres. La Cotterie Eternelle, qui

Maçons ont pris naiſſance, & ils s'y ſoutiennent avec une vigueur que l'écoulement de pluſieurs ſiécles n'a pu altérer juſqu'à préſent. L'économie de cette Société eſt fondée ſur un ſecret, qui a toujours été impénétrable, tant que les Anglois en ont été les ſeuls dépoſitaires. Cette Nation un peu taciturne, parce qu'elle penſe toujours, étoit plus propre qu'aucune autre à conſerver fidélement un dépôt ſi précieux.

Nous languirions encore ici dans une ignorance profonde ſur les myſtéres de cet Ordre, s'il ne s'étoit enfin établi en France. Le François, quoiqu'extrêmement prévenu pour ſon propre mérite, recherche néanmoins avec avidité celui des autres Nations,

n'a été inſtituée que vers la fin des Guerres Civiles d'Angleterre, & qui a ſouffert quelques interruptions, avoit pourtant déja conſommé au commencement de ce Siécle, cinquante Tonneaux de Tabac, trente mille Piéces de Bierre, mille Bariques de Vin rouge de Portugal, deux cens Pipes d'Eau-de-Vie, &c.

lorfqu'il a pour lui les graces de la nouveauté, ou, pour mieux dire, ce qui eft nouveau pour le François, a toujours pour lui l'agrément du mérite. Les femmes commencerent, il y a quelques années, à copier certaines modes Angloifes. Ce Sexe enchanteur, que le François adore fans fe donner le tems de l'aimer, donna bientôt le branle au goût de la Nation pour fes nouvelles découvertes. On voulut d'abord s'habiller comme les Anglois ; on s'en laffa peu après. La mode des habits introduifit peu à peu la maniére de penfer ; on embraffa leur Métaphyfique ; comme eux, on devint Géométre ; nos Piéces de Théâtre fe reffentirent du commerce Anglois ; on prétendit même puifer chez eux jufqu'aux principes de la Théologie : Dieu fait fi on y a gagné à cet égard !

Il ne manquoit enfin au François que le bonheur d'être Franc-Maçon, & il l'eft devenu. Cette aimable &

indiscréte Nation n'a pas plutôt été
dans la confidence du secret de cet
Ordre, qu'elle s'est sentie surchargée
d'un poids énorme qui l'accabloit.
Les Associés François n'ont osé d'a-
bord se soulager autrement, qu'en
débitant par-tout qu'ils étoient dépo-
sitaires d'un secret; mais que rien ne
seroit capable de le leur arracher.
Un secret ainsi prôné est à moitié découvert : ils ont néanmoins tenu bon
pendant quelque tems. La pétulante
curiosité des François non-Francs-
Maçons flattoit infiniment la vanité
de ceux qui l'étoient, & encourageoit
leur discrétion : ils s'étonnoient eux-
mêmes des efforts généreux qu'ils
avoient le courage de faire, pour ne
pas déceler ce qu'un serment solem-
nel les obligeoit de taire.

Une passion violente qui trouve
des obstacles, n'en devient que plus
vive & plus ingénieuse pour se satis-
faire. La curiosité Françoise n'ayant
pu percer à force ouverte les foibles

barriéres dans lefquelles leurs Com-
patriotes avoient refferré leur fecret,
a mis en œuvre la rufe la plus conforme au génie de la Nation. Les
curieux ont affecté une indifférence
dédaigneufe pour des myftéres qu'on
s'obftinoit à leur cacher : c'étoit le
vrai moyen de faire rapprocher des
perfonnes, dont la difcrétion n'étoit
que rodomontade.

La rufe a eu fon effet : les Francs-
Maçons, abandonnés à eux-mêmes,
font devenus plus traitables ; on a
réuffi à les faire caufer fur leur Ordre ; l'un a dit une chofe, l'autre une
autre. Ces différentes collectes ont
fait d'abord un tout affez imparfait ;
mais il a été rectifié par de nouveaux
éclairciffemens, & il a enfin été conduit au point d'exactitude, fous lequel je le préfente aujourd'hui. Je
ne puis diffimuler, qu'en qualité de
François, je ne reffente un plaifir fingulier dans cette efpéce d'indifcré-
tion. Il eft vrai qu'il y manque un af-

raisonnement bien flatteur, qui seroit l'obligation de ne point parler. Mais comme un appétit bien ouvert supplée ordinairement à ce qui peut manquer dans un ragout du côté de l'Art, le plaisir avec lequel je me porte à révéler les Mystéres de la Maçonnerie, est pour moi aussi vif, que si j'avois des engagemens pour me taire.

Le secret des Francs-Maçons consiste principalement dans la façon dont ils se reconnoissent. Deux Francs-Maçons qui ne se feront jamais apperçus, se reconnoitront infailliblement, lorsqu'ils se rencontreront. C'est l'effet de certains Signes, dont ils sont convenus entre eux : ils les emploient si fréquemment, soit dans leurs Assemblées, soit dans les rencontres particuliéres, qu'on pourroit les regarder comme autant de Pantomimes. Au reste, les Signes dont ils se servent, sont si clairs & si expressifs, qu'il n'est point encore arrivé de méprise à cet égard.

Nous avons trois exemples très-récens, qui démontrent évidenment l'efficacité des Signes de la Maçonnerie, & la tendre union qui regne parmi ces respectables Confréres.

Il y a environ trois ans, qu'un Armateur François, qui étoit Franc-Maçon, fit malheureusement naufrage sur les Côtes d'une Isle, dont le Vice-Roi étoit aussi du même Ordre. Le François fut assez heureux pour se sauver ; mais il perdit avec son vaisseau, son équipage & son bien. Il se fit présenter au Vice-Roi. Son embarras étoit de lui raconter son malheur d'une façon assez sensible, pour mériter d'en être cru sur sa parole. Il fut fort étonné, lorsqu'il vit le Vice-Roi faire les Signes de la Maçonnerie. Le François y répondit de tout son cœur. Ils s'embrasserent l'un l'autre comme Fréres, & causerent ensemble avec toute l'ouverture de cœur que l'amitié la plus tendre peut inspirer. Le Vice-Roi, sen-

senfiblement touché des malheurs du François, le retint dans son Isle, & lui procura pendant le féjour qu'il y fit, tous les fecours & tous les amufemens poffibles. Lorfque le François voulut fe remettre en Mer pour travailler à réparer fes pertes, le Vice-Roi le combla de préfens, & lui donna tout l'argent néceffaire pour retourner dans fon Pays. Le François, pénétré de reconnoiffance, fit à fon Bienfaiteur les remercimens que méritoit fa générofité, & il profita de l'occafion d'un vaiffeau qui mettoit à la voile, pour revenir en France. C'eft du François lui-même, que l'on a fu le détail de cette avanture. Il s'appelle *Préverot*; il eft Frére de Mr. Préverot, Docteur en Médecine de la Faculté de Paris, mort, je crois, depuis quelques années.

Il y a quelques mois qu'un Gentilhomme Anglois venant à Paris, fut arrêté fur fa route par des voleurs : on lui prit foixante louis.

B

Cet Anglois, qui étoit Franc-Maçon, ne fut pas plutôt arrivé à Paris, qu'il fit ufage des Signes qui caractérifent la Maçonnerie. Cet expédient lui réuffit : il fut accueilli par les Fréres, à qui il raconta fa trifte avanture : on fit une collecte pour lui dans une Affemblée, & on lui donna les foixante louis qui lui avoient été volés. Il les a fait remettre à Paris, depuis fon retour en Angleterre.

A l'Affaire de Dettinguen, un Garde du Roi eut fon cheval tué fous lui, & fe trouva lui-même tellement engagé deffous, qu'il lui fut impoffible de fe débarraffer. Un Cavalier Anglois vint à lui le fabre levé, & lui auroit fait un mauvais parti, fi le Garde, qui étoit Franc-Maçon, n'eût fait à tout hazard les Signes de l'Ordre. Heureufement pour lui, le Cavalier Anglois fe trouva être de la même Société : il defcendit de cheval, aida le François à fe débarraffer de deſſous le ſien, & en lui ſauvant la vie comme Confrére, il le fit pourtant ſon priſonnier, parce qu'un Franc-Maçon ne perd jamais de vue le ſervice de ſon Prince.

Je vois déja mon Le&teur qui attend avec impatience que je lui dépeigne ces Signes merveilleux, capables d'opérer des effets ſi ſalutaires; mais je lui demande la permiſſion de dire encore quelque choſe de général ſur l'Ordre des Francs-Maçons : j'entrerai enſuite dans un détail très-étendu, dont on aura lieu d'être ſatisfait.

Il ſemble d'abord que la Table ſoit le point fixe qui réunit les Francs-Maçons. Chez eux, quiconque eſt invité à une Aſſemblée, l'eſt auſſi à un repas; c'eſt ainſi que les affaires s'y diſcutent. Il n'en eſt point de leur Ordre, comme de ces Sociétés ſéches à tous égards, dans leſquelles depuis long-tems l'eſprit & le corps ſemblent condamnés par état à un jeûne perpétuel. Les Francs-Maçons veulent boire, manger, se réjouir : voilà ce qui anime leurs délibérations.

On voit que cette façon de porter son avis, peut convenir à bien du monde : l'homme d'esprit, celui qui ne passe pas pour tel, l'homme d'E-tat, le Particulier, le Noble, le Ro-turier ; chacun y est admis, chacun peut y jouer son rôle. Ce qui est admirable, c'est que dans un mê-lange si singulier, il ne se trouve ja-mais ni hauteur ni bassesse. Le grand Seigneur permet à sa Noblesse de s'y familiariser ; le Roturier y prend de l'élévation ; en un mot, celui qui a plus en quelque genre que ce soit, veut bien céder du sien ; ainsi tout se trouve de niveau. La qualité de *Fréres*, qu'ils se donnent mutuelle-ment, n'est pas un vain compliment ; ils jouissent en commun de tous les agrémens de la Fraternité. Le mé-rite & les talens s'y distinguent néan-moins ; mais ceux qui ont le bonheur

d'en être pourvus, les possédent sans
vanité & sans crainte, parce que ceux
qui ne sont point partagés des mêmes avantages, n'en sont ni humiliés,
ni jaloux : personne ne veut y bril-
ler, tout le monde cherche à plaire.

Cette légére esquisse peut, ce me
semble, donner une idée assez avan-
tageuse de la douceur & de la sagesse qui regnent dans la Société des
Francs-Maçons. En vain a-t'on voulu
leur reprocher de ne tenir des Assemblées que pour parler plus librement sur des matiéres de Religion,
ou sur ce qui concerne l'Etat ; ce sont
deux articles sur lesquels on n'a jamais vu s'élever la moindre question
parmi eux. Le Dieu du Ciel & les
Maîtres de la Terre y sont inviolable-
ment respectés. Jamais on n'y traite
aucune affaire qui puisse concerner la
Religion ; c'est une * des Maximes fon-

---

* Ceci me rappelle un Réglement assez
singulier, qui fut publié dans les Cantons Suis-
ses, au sujet des troubles qu'exciterent dans

damentales de la Société. A l'égard de
la Perſonne ſacrée de Sa Majeſté, on
en fait une mention honorable au
commencement du repas : la ſanté de
cet auguſte Monarque y eſt ſolemni-
ſée avec toute la pompe & la magnificence poſſible : cela fait, on ne parle
plus de la Cour.

A l'égard des converſations que
l'on tient durant le repas, tout s'y
paſſe avec une décence qui s'étend
bien loin : je ne ſais même ſi les ri-
gides partiſans de la Morale auſtére
pourroient en ſoutenir toute la ré-

ces Provinces des querelles ſurvenues entre des
Théologiens ſur quelques points de Religion.
Il s'agiſſoit de la Grace, de la Prédeſtination,
de l'action de Dieu ſur les créatures, &c. matiéres extrêmement difficiles, même pour les
intelligences les plus déliées. Comme il y avoit
déja long-tems qu'on ne s'entendoit point, il
étoit à craindre que la diſpute n'aboutît enfin
à une ſédition ouverte. L'affaire fut évoquée
au Conſeil Souverain, qui trancha la difficulté,
en faiſant publier un Décret, par lequel il fut
*défendu à tous & un chacun, de parler de Dieu
ni en bien, ni en mal.*

gularité. On ne parle jamais des ab-
fens, on ne dit du mal de qui que ce
foit, la fatyre maligne en eft exclue,
toute raillerie y eft odieufe; on n'y
fouffriroit pas non plus la doucereufe
ironie de nos prétendus Sages, parce
qu'ils font prefque toujours maligne-
ment zélés; & pour tout dire en un
mot, on n'y tolére rien de ce qui paroit porter avec foi la plus légére empreinte du vice. Cette exacte régularité, bien loin de faire naître un
trifte férieux, répand au contraire
dans les cœurs & dans les efprits la
volupté la plus pure; on voit éclater
fur leur vifage le brillant coloris de
la gayeté & de l'enjoûment; & fi les
nuances en font quelquefois un peu
plus vives qu'à l'ordinaire, la décence
n'y court jamais aucun rifque; c'eft
la Sageffe en belle humeur. Si pourtant il arrivoit qu'un Frére vînt à s'oublier, & que dans fes difcours il eût
la foibleffe de faire ufage de ces ex-
preffions, que la corruption du Siécle

B 4

a cru déguifer honnêtement fous le nom de *libertés*, un figne formidable le rappelleroit bientôt à fon devoir, & il reviendroit à l'inftant. Un Frére peut bien prévariquer, parce qu'il eft homme; mais il a le courage de fe corriger, parce qu'il eft Franc-Maçon.

Il eft tems de fatisfaire à préfent la curiofité du Lecteur, & de lui faire voir en détail l'intérieur des Affemblées Franc-Maçonnes. Comme je me fervirai, dans tout ce que je vais dire, des termes de l'Ordre, je crois qu'il eft à propos de les expliquer ici, pour faciliter l'intelligence de tout ce que j'ai à dire.

Franc-Maçon (en Anglois *Free Mafon*) fignifie *Maçon libre*. C'étoit dans l'origine une Société de perfonnes, qui étoient cenfées fe dévouer librement pour travailler un jour à la réédification du Temple de Salomon. Je ne crois pas que ceux d'aujourd'hui confervent encore le deffein d'un projet qui paroit devoir être de longue haleine. Si cela étoit, & que cette Société se soutînt jusqu'au rétablissement de ce fameux Edifice, il y a apparence qu'elle dureroit encore long-tems. Au reste, tout ce gout de Maçonnerie est purement allégorique : il s'agit de former le cœur, de régler l'esprit, & de ne rien faire qui ne quadre avec le bon Ordre : voilà ce qui est désigné par les principaux Attributs des Francs-Maçons, qui sont l'*Equerre* & le *Compas*.

Il n'y avoit autrefois qu'un seul *Grand-Maître*, qui étoit Anglois; aujourd'hui les différens Pays dans lesquels il y a des Francs-Maçons, ont chacun le leur. On appelle celui qui est revêtu de cette Dignité, LE TRÈS-VÉNÉRABLE. C'est lui qui délivre aux *Maîtres* qui président aux Assemblées particuliéres, les Lettres-Patentes qu'on appelle *Constitutions*. Ces Présidens particuliers sont appellés simplement *Vénérables*. * Leurs Let-

* Il faut observer, que lorsque ces *Vénéra-*

tres - Patentes ou Conſtitutions ſont
contreſignées par un Grand-Officier
de l'Ordre, qui eſt le Sécrétaire-Général.

Les Aſſemblées Maçonnes s'appellent communément *Loges*. Ainſi lorſqu'on veut annoncer une Aſſemblée
pour tel jour, on dit : *Il y aura Loge
tel jour*. Les Vénérables peuvent tenir *Loge* quand ils le jugent à propos. Il n'y a d'Aſſemblées fixes, que
tous les premiers Dimanches de chaque mois.

Quoique toutes les Aſſemblées des
Francs-Maçons ſoient appellées *Loges*, ce nom eſt cependant plus parti-
culiérement attribué à celles qui ont
un *Vénérable* nommé par le Grand-
Maître. Ces Loges ſont aujourd'hui
au nombre de vingt-deux. On les dé-
ſigne par les noms de ceux qui y pré-
ſident ; ainſi on dit : *J'ai été reçu dans
la Loge de Monſieur N.*

bles ſont en fonction dans leur propre Loge,
on les appelle *Très-Vénérables*.

Comme les particuliers Francs-Maçons peuvent s'affembler quand ils veulent, ils nomment entre eux un Vénérable à la pluralité des voix, lorfque celui qui eft nommé par le Grand-Maître, ne s'y trouve pas. Si cependant il s'y trouvoit un des deux Grands-Officiers, qui font ordinairement attachés à celui qui d'office eft Vénérable, on lui déféreroit la Préfidence. * Je dirai dans un moment ce qu'on entend par ces Grands-Officiers.

Les Loges font compofées de plus ou moins de Sujets. Cependant, pour qu'une Affemblée de Francs-Maçons puiffe être appellée *Loge*, il faut qu'il y ait au moins deux *Maîtres*, trois *Compagnons* & deux *Apprentifs*. C'eft en voyant le détail d'une Réception,

---

* Ces Officiers ne remplacent le Vénérable, que lorfqu'il a paru à l'Affemblée, & que pour affaire ou autrement il eft obligé de fortir; car s'il n'a point paru, on en élit un parmi les Maîtres, à la pluralité des voix.

que l'on saura la différence de ces dé-
grés de Maçonnerie.

Lorsqu'on est en Loge, il y a au-
dessous du Vénérable deux Officiers
principaux, appellés *Surveillans*. Ce
sont eux qui ont soin de faire exécuter les Réglemens de l'Ordre, & qui
y commandent l'Exercice, lorsque le
Vénérable l'ordonne. Chaque Loge
a aussi son *Trésorier*, entre les mains
duquel sont les fonds de la Compagnie. C'est lui qui est chargé des frais
qu'il y a à faire; & dans la régle, il
doit rendre compte aux Fréres de la
recette & des déboursés, dans l'Af-
semblée du premier Dimanche du
mois. Il y a aussi un *Sécrétaire*, pour
recueillir les délibérations principales de la Loge, afin d'en faire part au
Sécrétaire-Général de l'Ordre.

Un Vénérable, quoique Chef de
Loge, n'y a d'autorité qu'autant qu'il
est lui-même zélé observateur des Statuts; car s'il tomboit en contraven-
tion, les Fréres ne manqueroient pas

de le relever. Dans ce cas, on va aux opinions, (ils appellent cela *baloter* ;) & felon l'efpéce du délit, la punition eft plus ou moins grave. Cela pourroit même aller jufqu'à le dépofer & l'exclurre des Loges, fi le cas l'exigeoit.

Lorfque c'eft un Frére qui a prévariqué, le Vénérable le reprend, & il peut même, de fa propre autorité, lui impofer une amende, qui doit être payée fur le champ : elle eft toujours au profit des Pauvres. Le Vénérable n'en peut ufer ainfi, que pour les fautes légéres : lorfqu'elles font d'une certaine importance, il eft obligé de convoquer l'Affemblée pour y procéder. On verra plus loin la cérémonie finguliére qui s'obferve, lorfqu'il s'agit de l'exclufion d'un Franc-Maçon. J'obferverai feulement ici, que lorfqu'un Frére eft exclus, ou que fans être exclus, il a caufé à la Société un mécontement affez grave pour qu'on féviffe contre lui, on ne

le fait pas pour cela fortir à l'inftant
de la Loge ; on annonce feulement
qu'elle eft fermée. On croiroit d'a-
bord que *fermer une Loge*, défigneroit
que la porte en doit être bien clofe ;
c'eft tout le contraire. Lorfqu'on dit
que *la Loge eft fermée*, tout autre qu'un
Franc-Maçon peut y entrer, & être
admis à boire & manger, & caufer
de Nouvelles. *Ouvrir une Loge*, en termes Francs-Maçons, fignifie qu'on
peut parler ouvertement des Myftéres de la Maçonnerie, & de tout ce
qui concerne l'Ordre ; en un mot,
penfer tout haut, fans appréhender
d'être entendu d'aucun *Profane* (c'eft
ainfi qu'ils appellent ceux qui ne font
point de la Confrérie.) Alors perfonne ne peut entrer ; & s'il arrivoit
que quelqu'un s'y introduifît, on fer-
meroit la Loge à l'inftant, c'eft-à-
dire, qu'on garderoit le filence fur les
affaires de la Maçonnerie. Au refte,
il n'y a que dans les Affemblées particuliéres, que l'on rifque d'être quel-

quefois interrompu ; car lorfque l'on eft en grande Loge, toutes les avenues font fi bien gardées, qu'aucun Profane ne peut y entrer. Si cependant, malgré toutes les précautions, quelqu'un étoit affez adroit pour s'y introduire, ou que quelque Apprentif fufpect parût dans le tems qu'on traite des Myftéres de la Maçonnerie, le premier qui s'en appercevroit, avertiroit les Fréres à l'inftant, en difant : *Il pleut.* Ces deux mots fignifient qu'il ne faut plus rien dire de particulier.

Dans ces Affemblées folemnelles, chaque Frére a un Tablier, fait d'une peau blanche, dont les cordons doivent auffi être de peau. Il y en a qui les portent tout unis, c'eft-à-dire, fans aucun ornement ; d'autres les font border d'un ruban bleu. J'en ai vu qui portoient, fur ce qu'on appelle la *bavette*, les Attributs de l'Ordre, qui font, comme j'ai dit, une Equerre & un Compas.

Lorſqu'on ſe met à table, le Vénérable s'aſſied le premier en haut du côté de l'Orient; le premier & ſecond Surveillans ſe placent vis-à-vis le Vénérable à l'Occident. Si c'eſt un jour de Réception, les Récipiendaires ont la place d'honneur, c'eſt-à-dire, qu'ils ſont aſſis à la droite & à la gauche du Vénérable.

Les jours de Réception, le Vénérable, les deux Surveillans, le Sécrétaire, & le Tréſorier de l'Ordre, portent au cou un Cordon bleu * taillé en triangle, tel à peu près que le portent les Commandeurs de l'Ordre du Saint-Eſprit, qui ſont ou d'Egliſe, ou de Robe. Au bas du Cordon du Vénérable pendent une Equerre & un Compas, qui doivent être d'or, ou du

* Il n'eſt pas abſolument néceſſaire que le Cordon ſoit de la figure dont on le décrit ici. J'en ai vu que l'on portoit comme le Cordon de la Toiſon d'Or; cela forme toujours une eſpéce de triangle; mais il n'eſt pas ſi exact que celui dont on vient de parler.

du moins dorés. Les Surveillans &
autres Officiers ne portent que le
Compas.

Les lumiéres que l'on met fur la
table, doivent toujours être difpofées
en triangle : il y a même beaucoup de
Loges, dans lefquelles les flambeaux
font de figure triangulaire. Ils devroient être de bois, & chargés des
figures allégoriques qui ont trait à la
Maçonnerie. Il faut que les Statuts
n'ordonnent point l'uniformité fur cet
article ; car j'ai vu plufieurs de ces
flambeaux qui étoient tous de diffé-
rente efpéce, tant par rapport à la
matiére dont ils étoient compofés,
que par la figure qu'on leur avoit
donnée.

La Table eft toujours fervie à trois,
ou cinq, ou fept, ou neuf fervices.
Lorfqu'on a pris fes places, chacun
peut faire mettre une bouteille devant foi. Tous les termes dont on fe
fert pour boire, font empruntés de
l'Artillerie.

C

La Bouteille s'appelle *Baril*; il y en a qui difent *Barique*, cela eft indifférent.

On donne au Vin le nom de *Poudre*, auffi-bien qu'à l'Eau; avec cette différence, que l'un eft *Poudre rouge*, & l'autre *Poudre blanche*.

L'exercice que l'on fait en buvant, ne pèrmet pas qu'on fe ferve de verres; il n'en refteroit pas un feul entier, après qu'on auroit bu : on n'a que des gobelets, qu'on appelle *Canons*. Quand on boit en cérémonie, on dit : *Donnez de la Poudre*. Chacun fe léve, & le Vénérable dit: *Chargez*. Alors chacun met du vin dans fon gobelet. On dit enfuite : *Portez la main à vos Armes . . . En joue . . . Feu, grand feu*. Voilà ce qui défigne les trois tems qu'on eft obligé d'obferver en buvant. Au premier, on porte la main à fon gobelet; au feoond, on l'avance devant foi, comme pour préfenter les armes; & au dernier, chacun boit. En buvant on a les yeux fur le Vénérable, afin de faire tous enfemble le même exercice. En retirant fon gobelet, on l'avance un peu devant foi, on le porte enfuite à la mammelle gauche, puis à la droite; cela fe fait ainfi par trois fois. On remet enfuite le gobelet fur la table en trois tems, on fe frappe dans les mains par trois fois, & chacun crie auffi par trois fois : *Vivat*.

Cette façon de boire forme le coup d'œil le plus brillant que l'on puiffe imaginer; & l'on peut dire, à la louange des Francs - Maçons, qu'il n'eft point d'Ecole Militaire où l'Exercice fe faffe avec plus d'exactitude, de précifion, de pompe & de majefté, que parmi eux. Quelque nombreufe que foit l'Affemblée, le mouvement de l'un eft toujours le mouvement de tous; on ne voit point de *Traineurs*; & dès qu'on a prononcé les premiéres paroles de l'Exercice, tout s'y exécute jufqu'à la fin, avec une uniformité qui tient de l'enchan-

tement. Le bruit qui ſe fait en remet-
tant les gobelets ſur la table eſt aſſez
conſidérable , mais il n'eſt point tu-
multueux : ce n'eſt qu'un ſeul & même coup , aſſez fort pour briſer des
vaſes qui n'auroient pas une certaine
conſiſtence.

Si quelqu'un manquoit à l'Exercice , on recommenceroit; mais on ne
reprendroit pas du vin pour cela. Ce
cas eſt extrêmement rare , mais pourtant il eſt arrivé quelquefois. Cela
vient ordinairement de la part des
nouveaux-reçus , qui ne ſont pas encore bien formés à l'Exercice.

La premiére ſanté que l'on célébre, eſt celle du *Roi;* on boit enſuite
celle du *Très-Vénérable;* à celle-ci ſuc-
céde celle du *Vénérable;* on boit après
au *premier* & au *ſecond Surveillans,* &
enfin aux *Fréres* de la Loge.

Lorſqu'il y a des nouveaux-reçus,
on boit à leur ſanté immédiatement
après qu'on a bu aux Surveillans; on
fait auſſi le même honneur aux Fréres

Vifiteurs qui fe trouvent dans la Loge : on appelle ainfi des Francs-Maçons d'une Loge, qui viennent en paffant pour communiquer avec des Fréres d'une autre. La qualité de Fréres, bien conftatée par les Signes de l'Ordre, leur donne l'entrée & les honneurs dans toutes les Loges.

Il faut obferver que, lorfqu'on boit en cérémonie, tout le monde doit être debout. Lorfque le Vénérable fort de la Loge pour quelques affaires, le premier Surveillant fe met à fa place ; alors le fecond Surveillant prend la place du premier, & un des Fréres devient fecond Surveillant : ces places ne font jamais vacantes. Le premier Surveillant, devenu Vénérable, ordonne une fanté pour celui qui vient de fortir, & il a foin d'y joindre celle de fa *Maçonne* : cela fe fait avec la plus grande folemnité : on en verra la defcription lorfque je parlerai du repas de Réception. Si le Vénérable rentre dans la Loge pendant la cérémonie,

il ne peut pas reprendre sa place; il
doit se tenir debout jusqu'à ce que la
cérémonie soit finie.

J'observerai ici, à propos de *Maçonne*, que quoique les femmes ne
soient point admises dans les Assemblées des Francs-Maçons, on en fait
toujours une mention honorable. Le
jour de la Réception, en donnant le
Tablier au nouveau-reçu, on lui
donne en même-tems deux paires de
Gants, une pour lui, & l'autre pour
sa *Maçonne*, c'est-à-dire, pour sa femme, s'il est marié, ou pour la femme
qu'il estime le plus, s'il a le bonheur
d'être célibataire.

On peut interpréter comme on
voudra le mot d'*estime*; il n'avoit autrefois qu'une signification très-hon-
nête : il désignoit seulement un doux
panchant, fondé sur l'excellence ou
sur la convenance des qualités du
cœur & de l'esprit. Mais depuis que
la pudeur des femmes leur a fait employer ce terme pour exprimer hon-

nêtement une paffion, qui le plus fouvent n'eft rien moins qu'honnête, il
eft devenu très-équivoque. Au refte,
de quelque efpéce que foient les engagemens que les Francs - Maçons
peuvent avoir avec les femmes, il eft
toujours certain que dans les Affemblées, tant folemnelles que particuliéres, il n'eft fait mention des Da-
mes que d'une façon très-décente &
très-concife; on boit à leur fanté, &
on leur donne des gants, voilà tout
ce qu'elles en retirent. Cela paroitra
peut-être un peu humiliant pour un
Sexe qui aime encore mieux qu'on
dife du mal de lui que rien du tout.
Il me femble d'un autre côté, qu'un
filence fi refpectueux fur une matiére
qui demande à être traitée fi fouvent,
doit éloigner bien du monde de la
Maçonnerie. Une telle Société ne fera
fûrement pas du gout de la plupart
de nos jeunes & bruyans Etourdis,
qui n'ont le plus fouvent pour toute
converfation, que le récit obfcéne de

quelques ridicules conquêtes, groffié-
rement imaginées par la corruption
de leurs cœurs : ils s'ennuyeroient
infailliblement dans une compagnie
dont les plaifirs & les converfations
refpirent la fageffe. Je n'ai que faire
de dire combien auffi on feroit en-
nuyé d'une pareille aquifition.

    Quoique la décence & la fageffe
foient toujours exactement obfervées
dans les repas Francs-Maçons, elles
n'excluent, en aucune façon, la gayeté
& l'enjoûment. Les converfations y
font affez animées; mais elles tirent
leur agrément principal de la ten-
dreffe & de la cordialité fraternelle
qu'on y voit regner.

    Lorfque les Fréres, après avoir
tenu quelque tems la converfation,
paroiffent dans le deffein de chanter
leur bonheur, le Vénérable charge de
cette fonction le premier ou le fecond
Surveillant, ou celui des Fréres qu'il
croit le plus propre à s'aquitter di-
gnement de cet emploi. On a vu des

Loges brillantes, dans lesquelles la permiffion de chanter accordée par le Vénérable, étoit folemnifée par un Concert de cors de chaffe & d'autres inftrumens, dont les accords harmonieux répandoient au loin les refpectables fymboles de l'union intime & de la douce intelligence qui faifoit le bonheur des Fréres. Ce Concert fini, on chantoit les Hymnes de la Confrérie.

Ces Hymnes font de différentes efpéces : les unes font pour les Surveillans, d'autres pour les Maîtres, il y en a pour les Compagnons, & enfin on finit par celle des Apprentifs. Toutes les fois qu'on tient Loge, on chante toujours du moins les Chanfons des Compagnons & des Apprentifs. On trouvera à la fin de ce Volume, un Recueil de la plupart des Chanfons qui ont été chantées dans différentes Loges : elles ne font pas également bonnes ; mais elles expriment toutes l'efprit de concorde & d'union, qui eſt l'ame de la Confrérie Maçonne.

Lorſqu'on chante la derniére Chanſon, les Domeſtiques, que l'on appelle *Fréres-Servans*, & qui ſont auſſi
de l'Ordre, viennent à la table des
Maîtres, & ils apportent avec eux
leurs *Canons chargés* (on ſait à préſent ce que cela veut dire :) ils les
poſent ſur la table des Maîtres, & ſe
placent parmi eux. Tout le monde
eſt debout alors, & on fait *la chaîne*,
c'eſt-à-dire, que chacun ſe tient par la
main, mais d'une façon aſſez ſingu-
liére. On a les bras croiſés & entrelaſſés, de maniére que celui qui eſt à
droite, tient la main gauche de ſon
voiſin ; & par la même raiſon, celui
qui eſt à gauche, tient la main droite :
voilà ce qui forme la Chaîne autour
de la table. C'eſt alors qu'on chante :

> *Fréres & Compagñons*
> *De la Maçonnerie,*
> *Sans chagrin jouiſſons*
> *Des plaiſirs de la vie.*
> *Munis d'un rouge bord,*

Que par trois fois un signal de nos verres
Soit une preuve que d'accord
Nous buvons à nos Fréres.

Ce Couplet chanté, on boit avec toutes les cérémonies, excepté cependant qu'on ne crie point *Vivat*. On chante ensuite les autres Couplets, & on boit au dernier avec tout l'appareil & toute la solemnité Maçonne, sans omettre une seule cérémonie.

Ce mêlange singulier de Maîtres & de Domestiques, ne semble-t'il pas présenter d'abord quelque chose de bizarre, d'extraordinaire ? Si pourtant on le considére sous un certain aspect, quel honneur ne fait-il pas à l'Humanité en général; & à l'Ordre Franc-Maçon en particulier? On voit avec quelle attention ils réalisent à leur égard la qualité de Frére dont ils portent le nom. Ce n'est point chez eux une vaine dénomination, comme dans ces tristes régions où l'on semble ne faire un usage journalier des respectables noms de Pére & de Fré-

re, que pour les profaner indigne-
ment : les uns font fièrement defpo-
tiques, les autres font baffement ef-
claves. C'eft tout le contraire chez
les Francs-Maçons ; les Frères-Ser-
vans goutent avec leurs Maîtres les
mêmes plaifirs, ils jouiffent comme
eux des mêmes avantages. Quel autre
exemple pourroit aujourd'hui nous
retracer plus fidélement les tems heureux de la divine Aftrée ? Les hommes alors n'étoient point foumis au
joug injufte de la fervitude, ni à l'humiliant embarras d'être fervis : il n'y
avoit alors ni fupériorité, ni fubor-
dination, parce qu'on ne connoiffoit
pas encore le crime.

Après avoir donné une idée géné-
rale de la maniére dont les Francs-
Maçons fe comportent dans leurs Affemblées, je crois devoir à préfent fatisfaire l'impatience du Lecteur, en
lui faifant un détail bien circonftan-
cié de ce qui s'obferve dans les jours
de Réception.

Pour parvenir à être reçu Franc-Maçon, il faut d'abord être connu de quelqu'un de cet Ordre qui soit assez au fait des vie & mœurs du Récipiendaire, pour pouvoir en répondre. Celui qui se charge de cet office, informe d'abord les Fréres de sa Loge des bonnes qualités du Sujet qui demande à être aggrégé dans la Confrérie : sur la réponse des Fréres, le Récipiendaire est admis à se présenter.

Le Frére qui a parlé du Récipiendaire à la Compagnie, s'appelle *Proposant* ; & au jour indiqué pour la Réception, il a la qualité de *Parrain*.

La Loge de Réception doit être composée de plusieurs piéces, dans l'une desquelles il ne doit y avoir aucune lumiére. C'est dans celle-là que le Parrain conduit d'abord le Récipiendaire. On vient lui demander s'il se sent la Vocation nécessaire pour être reçu ? Il répond qu'oui. On lui demande ensuite son nom, son surnom, ses qualités. Après qu'il a satisfait à ces queſtions, on luï ôte tout ce qu'il pourroit avoir de métal ſur lui, comme boucles, boutons, bagues, boëtes, &c. Il y a même des Loges où l'on pouſſe l'exactitude au point de faire dépouiller un homme de ſes habits, s'il y avoit du galon deſſus. Après cela, on lui découvre à nud le genou droit, & on lui fait mettre en pantoufle le ſoulier qui eſt au pied gauche. Alors on lui met un bandeau ſur les yeux, & on l'abandonne à ſes réflexions pendant environ une heure. La chambre où il eſt, eſt gardée en-dehors & en-dedans par des Fréres Surveillans, qui ont l'épée nue à la main pour écarter les profanes en cas qu'il s'en préſentât quelqu'un. Le Parrain reſte dans la chambre obſcure avec le Récipiendaire, mais il ne lui parle point.

Lorſque ce tems de ſilence eſt écoulé, le Parrain va heurter trois coups à la porte de la chambre de Réception. Le Vénérable, Grand-Maître de la Loge, répond du dedans par trois autres coups, & ordonne enfuite que l'on ouvre la porte.

Le Parrain dit alors qu'il fe préfente un Gentilhomme * nommé N. qui demande à être reçu. Le Vénérable dit au Parrain : *Demandez-lui s'il a la Vocation.* Celui-ci va exécuter l'ordre, & il revient enfuite rapporter la réponfe du Récipiendaire. Le Vénérable ordonne alors qu'on le faffe entrer ; les Surveillans fe mettent à fes côtés pour le conduire.

Il faut obferver, qu'au milieu de la chambre de Réception, il y a un grand efpace fur lequel on crayonne deux Colonnes, débris du Temple de Salomon. Aux deux côtés de cet efpace on voit auffi crayonnés un grand J & un grand B. On ne donne

---

* Que l'on foit Gentilhomme ou non, on eft toujours annoncé pour tel parmi les Francs-Maçons : la qualité de *Fréres* qu'ils fe donnent entre eux, les met tous de niveau pour la condition.

l'explication dé ces deux lettres qu'après la réception. Au milieu de l'espace, & entre les Colonnes deffinées, il y a trois flambeaux allumés, posés en triangle.

Le Récipiendaire, les yeux bandés & dans l'état que je viens de le repréfenter, eft introduit dans la chambre par les Surveillans qui font chargés de diriger fes pas. Il y a des Loges dans lefquelles, auffi-tôt que le Récipiendaire entre dans la chambre de Réception, on jette de la Poudre ou de la Poix-réfine, dont l'inflammation fait toujours un certain effet quoiqu'on ait les yeux bandés.

On conduit le Récipiendaire autour de l'efpace décrit au milieu de la chambre, & on lui en fait faire le tour par trois fois. Il y a des Loges où cette marche fe fait par trois fois trois, c'eft-à-dire, qu'on fait neuf fois le tour dont il s'agit. Durant la marche, les Fréres Surveillans qui accompagnent, font un certain bruit
en

Pl. III.

en frappant continuellement avec quelque chofe fur les Attributs de l'Ordre qui tiennent au cordon bleu qu'ils portent au cou. Il y a des Loges où l'on s'épargne ce bruit-là.

Ceux qui ont paffé par cette cérémonie, affurent qu'il n'y a rien de plus pénible que cette marche que l'on fait ainfi les yeux bandés : on eft auffi fatigué lorfqu'elle eft finie, que fi l'on avoit fait un long voyage.

Lorfque tous les tours font faits, on améne le Récipiendaire au milieu de l'efpace décrit; on le fait avancer en trois tems vis-à-vis le Vénérable, qui eft au bout d'en-haut derriére un fauteuil, fur lequel on voit l'Evangile felon faint Jean. Le Grand-Maître dit alors au Récipiendaire : *Vous fentez-vous la Vocation pour être reçu?* Le Suppliant répond qu'oui. *Faites-lui voir le jour,* dit à l'inftant le Grand-Maître, *il y a affez long-tems qu'il en eft privé.* On lui débande les yeux, & pendant qu'on eft à lui ôter le ban-

D

deau, les Fréres fe rangent en cercle autour de lui, l'épée nue à la main, dont ils lui préfentent la pointe. Les lumiéres, le brillant de ces épées, les ornemens finguliers dont j'ai dit que les Grands-Officiers étoient parés, le coup d'œil de tous les Fréres en tablier blanc, forment un fpectacle affez éblouiffant pour quelqu'un qui depuis environ deux heures eft privé du jour, & qui d'ailleurs a les yeux extrêmement fatigués par le bandeau. Ce fombre dans lequel on a été pendant long-tems, & l'incertitude où l'on eft par rapport à ce qu'il y a à faire pour être reçu, jettent infailliblement l'efprit dans une perplexité, qui occafionne toujours un faififfement affez vif dans l'inftant où l'on eft rendu à la lumiére.

Lorfque le bandeau eft ôté, on fait avancer le Récipiendaire en trois tems, jufqu'à un tabouret qui eft au pied du fauteuil. Il y a fur ce tabouret une Equerre & un Compas,

Alors le Frére qu'on appelle l'*Orateur*, parce qu'il eft chargé de faire le Difcours de réception, dit au Récipiendaire : *Vous allez embraſſer un Ordre refpectable, qui eſt plus férieux que vous ne penſez. Il n'y a rien contre la Loi, contre la Religion, contre le Roi ni contre les Mœurs. Le Vénérable Grand-Maître vous dira le reſte.* On voit par ce difcours que les Orateurs Francs-Maçons font amis de la précifion.

Il eft cependant permis à celui qui d'office eft chargé de haranguer, d'ajouter quelque chofe à la Formule ufitée ; mais il faut que cette addition foit extrêmement concife : c'eft une régle émanée des Inftituteurs de l'Ordre, qui, par une fage prévoyance, ont voulu bannir de chez eux l'ennui & l'inutilité. Ils ont prévu fans doute, qu'une permiffion plus étendue introduiroit bientôt parmi eux, comme ailleurs, l'ufage faftidieux de ces longues & fades Haran-

gues, dont le jargon bizarre fatigue
depuis long-tems les oreilles intelli-
gentes.

Le devoir d'un Franc-Maçon con-
fiste à bien vivre avec ses Fréres, à
observer fidélement les usages de l'Ordre, & sur-tout à garder scrupuleusement un silence impénétrable sur
les mystéres de la Confrérie. Il ne
faut pas de longs discours pour instruire un Récipiendaire sur cet article.

Lorsque l'Orateur a fini son discours, on dit au Récipiendaire de
mettre un genou sur le tabouret. Il
doit s'agenouiller du genou droit, qui
est découvert, comme je l'ai déja dit.
Selon l'ancienne régle de Réception,
le Récipiendaire, quoiqu'agenouillé
sur le genou droit, devroit cependant
avoir le pied gauche en l'air.
Cette situation me paroit un peu em-
barrassante : il faut qu'elle l'ait aussi
paru à d'autres, car il y a bien des
Loges dans lesquelles on ne l'observe
point ; on s'y contente de faire met-

tre le foulier du pied gauche en pantoufle.

Le Récipiendaire ainfi placé, le
Vénérable Grand-Maître lui dit : *Promettez-vous de ne jamais tracer, écrire,
ni révéler les Secrets des Francs-Maçons & de la Maçonnerie, qu'à un Frére
en Loge, & en préfence du Vénérable
Grand-Maître?* On fent bien que quelqu'un qui a fait les frais de fe préfenter, pourfuit jufqu'au bout, &
promet tout ce que l'on exige de lui.
Alors on lui découvre la gorge pour
voir fi ce n'eft point une femme qui
fe préfente ; & quoiqu'il y ait des
femmes qui ne vaillent guères mieux
que des hommes fur cet article, on
a la bonté de fe contenter de cette
légére infpection. On met enfuite fur
la mammelle gauche du Récipiendaire la pointe du Compas ; c'eft lui-
même qui le tient de la main gauche ; il met la droite fur l'Evangile,
& il promet d'obferver tout ce que
le Vénérable Grand-Maître lui a dit.

D 3

Il prononce enfuite ce Serment : *En cas d'infraction, je permets que ma langue foit arrachée, mon cœur déchiré, mon corps brûlé & réduit en cendres pour être jetté au vent, afin qu'il n'en foit plus parlé parmi les hommes : ainfi Dieu me foit en aide, & ce faint Evangile.* * Lorfque le Serment eft pro-

---

* Voici une autre Formule, qui m'a été communiquée ; on m'a affuré que c'étoit une traduction du Serment que prononcent les Francs-Maçons Anglois le jour de leur Réception.

„ Je confeffe formellement en préfence du
„ Dieu tout-puiffant & de cette Société, que je
„ ne donnerai jamais à connoître, foit de bou-
„ che ou par figne, les fecrets qui me feront
„ révélés ce foir ou dans d'autres tems; que je
„ ne les mettrai point par écrit, ni ne les tail-
„ lerai ou graverai, foit fur le papier, le cui-
„ vre, le métal, le bois, la pierre ou d'autres
„ moyens femblables, & que je ne les donne-
„ rai point à connoître à qui que ce foit par
„ quelque figne ou mouvement, finon à ceux
„ qui font Confréres ou Membres de la So-
„ ciété, fous peine de ne point recevoir d'au-
„ tre punition, finon que mon cœur foit ar-
„ raché de mes entrailles, de même que mes
„ boyaux du côté de ma mammelle gauche,
„ que ma langue foit coupée de ma bouche
„ jufqu'à la racine, & brûlée jufqu'à ce que le

noncé, on fait baiſer l'Evangile au Récipiendaire. Après cela, le Vénérable Grand-Maître le fait paſſer à côté de lui : on lui donne alors le tablier de Franc-Maçon, dont j'ai parlé ci-deſſus : on lui donne auſſi une paire de gants pour lui, & une paire de gants de femme pour la Dame qu'il eſtime le plus. Cette Dame peut être la femme du Récipiendaire, ou lui appartenir d'une autre façon; on n'a point d'inquiétude là-deſſus.

Quand la cérémonie de la préſentation du tablier & des gants eſt faite, on enſeigne au nouveau-reçu les Signes de la Maçonnerie, & on lui explique une des Lettres tracées dans

„ vent l'ait éparſe; afin que par cette punition „ on perd le ſouvenir que j'aie été un Confrére „ ou Membre de cette Société.

  Cela n'eſt plus, ni ne ſera plus,
    Et cela eſt encore.

Comme je n'entens point ce que ſignifient ces derniers mots, on me diſpenſera d'en donner l'explication.

D 4

l'efpace décrit au milieu de la chambre où il a été reçu, c'eft-à-dire, l'J,
qui veut dire *Jakin*. On lui enfeigne
auffi le premier Signe, pour connoître ceux qui font de la Confrérie, &
pour en être connu. Ce Signe s'appelle *Guttural*. On le fait en portant
la main droite au cou, de façon que
le pouce, élevé perpendiculairement
fur la paume de la main, qui doit
être en ligne horizontale, ou appro-
chant, faffe l'Equerre. La main droite
ainfi portée à la gauche du menton,
commence le figne : on la raméne
enfuite en-bas du côté droit, & on
frappe un coup fur la bafque de l'habit du même côté. Ce figne excite
d'abord l'attention d'un Frére Maçon, s'il y en a un dans la compagnie où l'on fe trouve. Il le répéte
auffi de fon côté, & il s'approche. Si
le premier lui répond, alors fuccéde
un autre figne : on fe tend la main,
& en la prenant, on pofe mutuelle-
ment le pouce droit fur la premiére

& grosse jointure de l'*Index*, & l'on s'approche comme pour se parler en secret. C'est alors qu'on prononce le mot *Jakin*. Voilà les signes qui caractérisent ceux que l'on appelle *Apprentifs*. Ce sont aussi les premiers signes que font d'abord les Francs-Maçons lorsqu'ils se rencontrent. On appelle le second, le signe *Manuel*. Il est bon cependant d'observer que, depuis assez long-tems, les Francs-Maçons François ont fait quelque changement à cette façon de se toucher. Selon l'usage qui est aujourd'hui en vigueur, deux Francs-Maçons qui cherchent à s'assurer l'un de l'autre, ne touchent point la même jointure, c'est-à-dire, que si le premier qui prend la main, presse la première jointure, le second doit presser la seconde, ou la troisiéme, si le premier a pressé la seconde.

Selon les usages observés de tems immémorial parmi les Francs-Maçons, il y avoit des interstices entre chaque dégré que l'on aquéroit dans l'Ordre. Quand on étoit reçu *Apprentif*, on reſtoit dans cet état trois ou quatre mois, après leſquels on étoit reçu *Compagnon*, & ſix mois après on étoit admis à la *Maîtriſe*. De cette maniére, on avoit le tems de s'inſtruire ; & lorſqu'on arrivôit au dernier grade, on étoit bien plus en état d'en ſoutenir la dignité.

La vivacité Françoiſe n'a pas pu tenir contre tous ces délais ; on a voulu pénétrer dans un inſtant tous les myſtéres les plus cachés, & il s'eſt trouvé des Maîtres de Lôge qui ont eu la foible complaiſance de ſacrifier à l'impétueux empreſſement des Récipiendaires, des uſages reſpeɛtables, que leur ſageſſe & leur antiquité auroient dû mettre à l'abri de toute preſcription. Mais le mal eſt fait, & c'eſt le moindre que la Confrérie Maçonne ait eſſuyé depuis qu'elle s'eſt établie en France. Il faut que le François touche à tout ; ſon caraɛtére volatile

le porte à marquer fur tout l'impref-
fion de fa main. Ce qui eft médio-
cre, il le perfectionne ; ce qui eft excellent, il le gâte. La Maçonnerie
m'en fournit des preuves, dont je
parlerai dans quelque tems. Je re-
viens à la cérémonie de la Réception.

Lorfque l'on a enfeigné à l'Apprentif les fignes de l'Ordre & le mot de
JAKIN, que l'on peut regarder comme un des termes facramentaux de
la Confrérie, on lui apprend de plus
une autre façon de le prononcer. On
a été obligé d'y avoir recours, pour
éviter toute furprife de la part de
quelques profanes qui auroient pu,
à force de recherches, découvrir les
fignes & les termes de la Maçonnerie. Lors donc qu'on a lieu de foup-
çonner que celui qui a fait les fignes
de la Société pourroit bien n'en être
pas, on lui propofe d'*épeller*, on ne
s'exprime pas plus au long ; tout
Franc-Maçon entend d'abord ce que
cela veut dire. Alors l'un dit J, l'autre

doit répondre A, le premier dit K, le second I, & l'autre N; ce qui compose le mot de JAKIN. Voilà la véritable maniére dont les Francs-Maçons se reconnoissent. Il est vrai cependant que ces premiers signalemens ne désignent encore qu'un Franc-Maçon Apprentif; il y en a d'autres pour les Compagnons & pour les Maîtres : je vais les expliquer en peu de mots.

La cérémonie de l'Installation d'un Apprentif dans l'Ordre des Compagnons se passe toujours en grande Loge. Le Vénérable & les Surveillans sont revêtus de tout l'appareil de leurs Dignités. Les figures sont crayonnées sur le plancher de la sale de Réception, & au lieu d'une pierre informe qui est dessinée dans le tems de la Réception d'un Apprentif, comme pour lui apprendre qu'il n'est encore propre qu'à dégrossir l'Ouvrage, on trace, pour la Réception d'un Compagnon, une pierre propre à ai-

guifer les outils, pour lui faire connoître que déformais il pourra s'employer à polir fon Ouvrage, & à y
mettre la derniére main.

On ne lui fait point réitérer le Serment déja fait; il eft suffifanment ex-
primé par un figne que l'on appelle
Pectoral. On apprend au Récipiendaire à porter fa main fur la poitrine,
de façon qu'elle forme une Equerre.
Cette pofition annonce un Serment
tacite, par lequel l'Apprentif qui va
devenir Compagnon, promet, foi de
Frére, de ne point révéler les fecrets
de la Maçonnerie. On lui donne enfuite l'explication du grand B, qui fait
un pendant avec l'J dans l'efpace où
l'on a crayonné les Colonnes du Temple de Salomon. Cette lettre fignifie
Booz. On l'*épelle*, comme j'ai dit qu'on
faifoit le mot de Jakin, lorfqu'on
appréhende d'être furpris par quelqu'un qui s'annonceroit pour Compagnon fans l'être véritablement.

Le fecret de la Réception des Maî-

tres ne confifte que dans une cérémonie affez finguliére, & fur laquelle
je vais apprendre aux Maîtres même
reçus depuis long-tems, quelques
traits qu'ils ignorent abfolument.

Lorfqu'il s'agit de recevoir un Maître, la fale de Réception eft décorée
de la même façon que pour la Réception des Apprentifs & des Compagnons ; mais il y a plus de figures
dans l'efpace qui eft décrit au milieu.
Outre les flambeaux placés en triangle, & les deux fameufes Colonnes
dont j'ai parlé, on y décrit, du mieux
que l'on peut, quelque chofe qui ref-
femble à un bâtiment qu'ils appellent *Palais Mofaïque*. On y dépeint
auffi deux autres figures; l'une s'appelle la *Houpe dentelée*, & l'autre le
Dais parfemé d'étoiles. Il y a auffi une
Ligne perpendiculaire, fous la figure
d'un inftrument de Maçonnerie, que
les Ouvriers ordinaires appellent le
plomb ou *l'à plomb*. La pierre qui a
fervi à ces figures, refte fur le plan-

cher de la chambre de Réception. On y voit de plus une efpéce de repréfentation, qui défigne le Tombeau de Hiram. Les Francs-Maçons font en cérémonie beaucoup de lamentations fur la mort de cet Hiram, décédé il y a bientôt trois mille ans. Ceci me paroit avoir quelque reffemblance avec les Fêtes que les Anciens folemnifoient autrefois fi lugubrement, à l'occafion de la mort du malheureux Amant de la tendre Vénus. On fait que pendant plufieurs fiécles, les femmes Payennes, à certain jour marqué, célébroient par les accens les plus douloureux la mort cruelle d'Adonis.

Il y a bien des Francs-Maçons qui ne connoiffent cet Hiram que de nom, fans favoir ce qu'il étoit. Quelques-uns croient qu'il s'agit de Hiram Roi de Tyr, qui fit alliance avec Salomon, & qui lui fournit abondanment tous les matériaux néceffaires pour la conftruction du Temple. On croit devoir aujourd'hui des larmes à la mémoire d'un Prince qui s'est prêté autrefois à l'élévation d'un édifice, dont on projette le rétablissement.

Hiram , dont il s'agit chez les Francs-Maçons , étoit bien éloigné d'être Roi de Tyr. C'étoit un excellent Ouvrier pour toutes sortes d'ouvrages en métaux, comme or, argent & cuivre. Il étoit fils d'un Tyrien, & d'une femme de la Tribu de Nephtali. * Salomon le fit venir de Tyr, pour travailler aux ornemens du Temple. On voit au quatriéme Livre des Rois, le détail des ouvrages qu'il fit pour l'embellissement de cet édifice. Entre autres ouvrages, il est fait mention dans l'Ecriture sainte de deux Colonnes de cuivre, qui avoient chacune dix-huit coudées de haut & douze

---

* Salomon tulit Hiram de Tyro, filium mulieris viduæ de Tribu Nephtali, artificem ærarium , & plenum.... doctrinâ ad faciendum omne opus ex ære. III. Reg. VII. ℣. 13. & seq.

douze de tour, au-deſſus deſquelles étoient des corniches de fonte en forme de Lys. Ce fut lui qui donna des noms à ces deux Colonnes : il appella celle qui étoit à droite *Jakin*, & celle de la gauche *Booz*. * Voilà cet Hiram que l'on regrette aujourd'hui. Je crois qu'il y aura quelques Maîtres qui m'auront obligation de cet éclairciſſement ; on eſt toujours bien-aiſe de ſavoir pour qui l'on pleure. Au reſte, je penſe qu'il ne faudroit pas tant s'affliger de la mort de Hiram : ſi les Francs-Maçons n'ont beſoin que d'Ouvriers habiles, ils trouveront parmi nos Modernes dequoi ſe conſoler de la perte des Anciens.

Cette derniére Réception n'eſt que de pure cérémonie; on n'y apprend preſque rien de nouveau, ſi ce n'eſt l'addition d'un ſigne qu'on nomme

---

* *Et ſtatuit (Hiram) duas columnas in porticu Templi : cùmque ſtatuiſſet columnam dexteram, vocavit eam nomine Jachin : ſimiliter erexit columnam ſecundam, & vocavit nomen ejus Booz.* Ibid. ♣. 21.

E

Pédeſtral; il ſe fait en plaçant ſes pieds de façon qu'ils puiſſent former une Equerre. On explique allégoriquement cette figure; elle ſignifie, qu'un Frére doit toujours avoir en vue l'équité & la juſtice, la fidélité à ſon Roi, & être irrépréhenſible dans ſes mœurs.

Voilà donc les quatre Signes principaux qui caractériſent les Francs-Maçons.

Le *Guttural*, ainſi appellé, parce qu'on porte la main à la gorge en formant une équerre.

Le *Manuel*, dans lequel on ſe touche les jointures des doigts.

Le *Pectoral*, où l'on porte la main en équerre ſur le cœur.

Et le *Pédeſtral*, qui prend ſon nom de la poſition des pieds.

A l'égard des mots que l'on prononce pour conſtater la vérité des ſignes de la Maçonnerie, il n'y a que les deux dont j'ai parlé ci-deſſus, ſavoir JAKIN (il y a *Jachin* dans l'E-

criture fainte) & B o o z. Le premier
eft pour les Apprentifs, & ils n'ont
que celui-là. Les Compagnons & les
Maîtres fe fervent des deux, & cela
fe pratique ainfi. Après que l'on a
fait les premiers fignes, qui font de
porter la main en équerre au cou,
de frapper enfuite fur la bafque droite
de l'habit, de fe preffer mutuellement
la jointure des doigts, & de prenon-
cer le mot Jakin, on met la main
en équerre fur la poitrine, & on prononce B o o z avec les mêmes précautions que l'on a obfervées au premier.
Les Maîtres n'ont point d'autres mots
qui les diftinguent des Compagnons;
ils obfervent feulement de s'embraffer, en paffant le bras par-deffus l'é-
paule : voilà leur diftinctif, qui eft
fuivi du figne Pédeftral. Tout cela
fe pratique avec tant de circonfpec-
tion, qu'il eft difficile à tout autre
qu'à un Franc-Maçon de s'en apper-
cevoir.

Je vais reprendre à préfent l'endroit de la Réception d'un Apprentif, où j'en étois resté. Je ne suis pas sûr de ne pas tomber ici dans quelques redites, parce que je n'ai pas sous les yeux la feuille où j'en ai parlé : je vais, à tout hazard, reprendre du mieux que je pourrai le fil de ma narration. On m'excusera, si je me répéte ; mais dans une affaire qui peut intéresser, j'aime mieux dire deux fois la même chose, que d'omettre la moindre particularité.

Lorsque le Récipiendaire a prêté serment, le Vénérable Grand-Maître l'embrasse, en lui disant : *Jusqu'ici je vous ai parlé en Maître, je vais à présent vous traiter en Frére.* Il le fait passer à côté de lui. C'est alors qu'on lui donne le Tablier de Maçon, & deux paires de Gants, l'une pour lui, & l'autre pour sa Maçonne. Le second Surveillant lui dit alors : *Nous vous donnons ces gants, comme à notre Frére, & en voilà une paire pour votre Maçonne, ou pour la plus fidéle. Les femmes croient que nous sommes leurs ennemis ; vous leur prouverez par-là que nous pensons à elles.* Le nouveau-reçu embrasse ensuite les Maîtres, les Compagnons & les Apprentifs; après cela, on se met à table.

Le Vénérable se place à l'Orient, les Surveillans à l'Occident, les Maîtres & Compagnons au Midi, & les Apprentifs au Nord ; le nouveau-reçu occupe la place d'honneur à côté du Vénérable. Chacun est servi par son Domestique, qui ne peut pourtant faire cette fonction que lorsqu'il est reçu Franc-Maçon. * La cérémonie de la Réception des Domestiques est la même que celle des Apprentifs; ils ne savent que le mot de JAKIN; ils n'ont aussi que les premiers Si-

* Les Francs-Maçons ont cru devoir aussi admettre dans leur Ordre la plupart des Maîtres Traiteurs, & leurs premiers Garçons; parce que, comme ils choisissent ordinairement leurs maisons pour leurs Assemblées, cela fait qu'ils y font plus en sûreté; le Maître & les Garçons s'intéressent à éloigner les Profanes.

gnes, & ne peuvent jamais parvenir
à la Maîtrise.

Le service des Domestiques se
borne à mettre les plats sur la table,
& à changer les couverts. Il est rare
qu'on se fasse servir à boire : communément chacun a sa bouteille ou barique devant soi. Voici comme on
solemnise la première santé, qui est
celle du Roi.

Le Vénérable frappe un coup sur
la table, le premier & le second Surveillans font la même chose : alors
toute l'Assemblée tourne les yeux
vers le Vénérable, & se prépare à
écouter avec attention ce que l'on va
dire. Car il faut remarquer que lorsqu'on frappe sur la table, ce n'est pas
toujours pour *porter une santé*; cela
se fait aussi toutes les fois qu'on a à
dire quelque chose qui intéresse la
Maçonnerie en général, ou seulement
les Frères de la Loge.

Lorsque le second Surveillant a
frappé, le Vénérable se lève, il porte

la main en équerre fur le cœur, &
dit : *A l'Ordre, mes Fréres.* Le premier & le fecond Surveillans répétent la même chofe. Le Vénérable
ajoute : *Chargez, mes Fréres, pour une
fanté.* Ceci eft répété de même par
les Surveillans. Chacun met alors
dans fon Canon autant de Poudre,
tant rouge que blanche, qu'il juge à
propos ; on ne gêne perfonne fur la
quantité, ni fur la qualité. Lorfque
les Canons font en état, le premier
Surveillant dit au Grand - Maître :
Vénérable, nous fommes chargés. Le
Grand-Maître dit alors : *Premier &
fecond Surveillans, Fréres & Compagnons de cette Loge, nous allons boire à
la fanté du Roi notre augufte Maître,
à qui Dieu donne une fanté parfaite &
une longue fuite de profpérités.* Le premier Surveillant répéte ce qu'a dit
le Grand-Maître. J'ai oublié de dire,
qu'il interpelle toujours l'Affemblée
en commençant par les Dignités ; ainfi
il dit alors : *Très-Vénérable, fecond*

E 4

Surveillant, Fréres & Compagnons de cette Loge, nous, &c. Le fecond Surveillant dit après : *Très-Vénérable, premier Surveillant, Fréres, &c.*

Après cette derniére répétition, le Vénérable Grand-Maître dit : *Second Surveillant, commandez l'Ordre.* Alors celui-ci dit : *Mes Fréres, regardez le Vénérable;* & en portant la main à fon Canon, il ordonne ainfi l'Exercice : *Portez la main droite à vos armes :* on met la main à fon Canon, mais fans le lever. *En joue :* on éléve fon Canon, & on l'avance devant foi. *Feu, grand feu; c'eft pour le Roi notre Maître.* Chacun boit alors, & on a toujours les yeux fur le Vénérable, afin de ne retirer fon Canon qu'après qu'il a fini de boire. Le fecond Surveillant, qui regarde auffi le Vénérable, fuit le mouvement de fon bras, & toute l'Affemblée les fuit l'un & l'autre. En retirant fon Canon, on préfente les armes, enfuite on le porte à gauche & à droite; cet Exercice fe

fait trois fois de fuite. On remet
après enfemble, & en trois tems, les
Canons fur la table; on fe frappe trois
fois dans les mains, & on crie trois
fois *vivat.*

La fcrupuleufe uniformité qui regne dans cet Exercice, & la fage
gayeté qui pare le vifage des Fréres,
& qui reçoit encore les agrémens les
plus vifs par la joie dont tout bon
François eft toujours pénétré, lorfqu'il peut témoigner folemnellement
fon zéle pour fon Roi; tout cela forme, dit-on, un point de vue ravif-
fant, qui feul attireroit à l'Ordre ceux
même qui paroiffent aujourd'hui dans
les difpofitions les moins favorables
pour les Francs-Maçons.

Je me fouviens d'avoir dit qu'après
la fanté du Roi, on buvoit celle du
Très-Vénérable Grand-Maître, Chef
de l'Ordre, & qu'on buvoit enfuite
celle du Vénérable Grand-Maître de
la Loge où l'on fe trouve, celles des
Surveillans, du Récipiendaire & des

Fréres, &c. Tout cela fe fait avec
grande cérémonie.

Il eft à propos d'obferver, que
quoique ce foit prefque toujours le
Vénérable de la Loge qui propofe de
boire à la fanté de quelqu'un, il eft
pourtant permis au premier ou fecond Surveillant, & même à tout autre, de demander à porter une fanté.
Voici comme cela fe fait.

Celui qui veut propofer une fanté,
frappe un coup fur la table ; tout le
monde prête filence. Alors le Propo-
fant dit : *Vénérable, premier & fecond
Surveillans, Fréres & Compagnons de
cette Loge, je vous porte la fanté de tel.*
Si c'eft à un des Dignitaires que l'on
boit, on ne le nomme point dans le
compliment qu'on adreffe aux Dignités. Par exemple, fi c'eft au Vénérable, on commence par dire : *Premier & fecond Surveillans, Fréres, &c.*
Si c'eft au premier Surveillant, on
dit : *Vénérable, fecond Surveillant,
Fréres, &c.*

Celui à la santé duquel on boit,
doit se tenir assis pendant que l'on
boit ; il ne se léve que lorsque l'on
a fini la cérémonie, & que tout le
monde s'est assis. Alors il remercie
le Vénérable, le premier & le second
Surveillans, & les Fréres, & leur
annonce qu'il va faire raison du plaisir
qu'on lui a fait de boire à sa santé. Il
fait alors tout seul l'Exercice dont j'ai
fait mention.

Comme toutes les cérémonies qui
s'observent pour les santés prennent
bien du tems, & qu'il pourroit se
trouver quelqu'un des Fréres assez
altéré pour avoir besoin de boire dans
les intervalles, on accorde à chacun
la liberté de boire à sa fantaisie; &
ceux qui boivent ainsi, le font, pour
ainsi dire, en cachette, c'est-à-dire,
sans les cérémonies usitées.

Je n'entreprendrai pas d'exprimer
le plaisir singulier que goutent les
Francs-Maçons dans cette maniére de
porter des santés ; eux seuls le sen-

tent, & ne pourroient pas le rendre.
J'ai ouï dire, en propres termes, à
des Entousiastes de l'Ordre, qu'à ce
sujet, le sentiment ne pouvoit rien
prêter à l'expression.

Quoique la maniére dont on porte
les santés, occupe une bonne partie
du tems que les Francs-Maçons con-
sacrent à leurs Assemblées, il leur en
reste cependant assez pour se pro-
curer mutuellement des instructions
qui sont toujours très-satisfaisantes,
tant par rapport aux choses même
qu'on y apprend, que par rapport à
la maniére dont elles sont enseignées.
Quand on veut former un Frére nouvellement reçu, on lui fait quelques
questions sur les usages de l'Ordre.
S'il ne se sent pas assez fort pour répondre, il met la main en équerre
sur la poitrine, & fait une inclination : cela veut dire, qu'il demande
grace pour la réponse. Alors le Vénérable s'adresse à un plus ancien, en
lui disant, par exemple : *Frére N.*

que faut-il pour faire une Loge ? Le Frére répond : *Vénérable, trois la forment, cinq la compofent, & fept la rendent parfaite.*

A l'égard des Maîtres, on leur fait des queftions bien plus relevées, ou plutôt, fur une queftion très-fimple, le Maître interrogé répond de la façon la plus fublime. Par exemple, le Vénérable Grand-Maître dit à un Surveillant : *Frére, d'où venez-vous ?* Celui-ci répond : *Vénérable, je viens de la Loge de Saint-Jean.* Le Vénérable reprend : *Qu'y avez-vous vu, quand vous avez pu voir ?* Le Surveillant répond : *Vénérable, j'ai vu trois grandes Lumiéres, le Palais Mofaïque, le Dais parfemé d'étoiles, la Houpe dentelée, la Ligne perpendiculaire, la Pierre à tracer, &c.* On ne peut rien voir de mieux détaillé que cette réponfe, & quoiqu'elle ne paroiffe pas abfolument bien claire, elle fatisfait infiniment les Fréres qui l'entendent, & élle caufe un plaifir bien vif à toute la compagnie. De tems en tems on fait auſſi répéter les ſignes de la Maçonnerie. Ceux qui les poſſédent parfaitement, les font avec une dignité qui charme les ſpectateurs, & ceux qui ne ſont pas encore bien formés, ou qui ſont un peu *gauches* dans leurs façons, procurent quelquefois de l'amuſement aux Fréres par l'embarras qu'ils éprouvent à ſe perfectionner dans la formation des Signes. Il ſeroit inutile d'entrer dans un plus long détail des matiéres ſur leſquelles peuvent rouler les inſtructions ou les converſations des Fréres de la Maçonnerie; tout eſt à peu près de la même force que ce que je viens de rapporter.

C'eſt donc en vain qu'on a voulu répandre ſur l'Ordre des Francs-Maçons les ſoupçons les plus odieux; les plaiſirs qu'ils goutent enſemble, n'ont rien que de très-pur, & l'uniformité qui y regne, n'occaſionne jamais l'ennui, parce qu'ils s'aiment

tendrement les uns les autres. Je con-
çois bien que tout autre qu'un Franc-
Maçon s'amuseroit à peine de bien
des choses qui paroissent faire les délices de leur Société ; mais tout ceci
est une affaire de sentiment, fondé
sur l'expérience. Quand on est Franc-
Maçon, tout ce qui concerne l'Ordre, affecte singuliérement l'esprit &
le cœur. Ce qui seroit insipide pour
un Profane, devient un plaisir très-
vif pour un Franc-Maçon ; c'est un
effet bien marqué de ce qu'on appelle une *grace d'état*.

Il n'y a donc rien que de très-simple
& de très-innocent dans les conversa-
tions que les Francs-Maçons tiennent
à table, & la pureté des sentimens
qui distingue cette Société de tant
d'autres, tire encore un nouvel éclat
des Hymnes joyeuses que les Fréres
chantent entre eux, lorsqu'on a tenu
table pendant quelque tems

On sait que c'est assez souvent par
les Chansons que le caractére de cha-

que Particulier fe manifefte. Tel par
état, ou par refpect pour fon âge, ne
tiendra que des difcours convenables,
qui, à la fin d'un repas, l'efprit un
peu échauffé par les vapeurs d'une
féve agréable, croit pouvoir s'échap-
per un peu, & cotoyer, pour ainfi
dire, l'indécence, s'il ne s'y livre pas
totalement. C'eft une maxime affez
ordinaire : *Tout eft permis en chantant.*
Les Francs-Maçons ne l'ont point
adoptée, & leurs Chanfons, auffi
pures & auffi fimples que leurs difcours, annoncent également la gayeté
& l'innocence. Il fera facile au Lecteur d'en juger par lui-même : je donnerai à la fin de cet Ouvrage un Recueil affez curieux de leurs principales Chanfons.

　C'eft par-tout une impoliteffe, lorfqu'on eft à table, de parler à l'oreille
de fon voifin ; mais communément
ce n'eft qu'une impoliteffe : c'eft un
crime chez les Francs-Maçons, qui
eft puni plus ou moins févérement,

à

à proportion que le Frère qui a prévariqué, est plus ou moins entêté.
J'obferverai ici, à la honte de nos
François, que c'eft chez eux que l'on
a été obligé de faire ufage, pour la
premiére fois, de la Formule finguliére confacrée pour l'Exclufion d'un
Franc-Maçon.

Le Vénérable ne procéde pas d'a-
bord à la rigueur; il commence par
avertir avec douceur, & lorfque le
Frére qui a manqué, fe range à fon
devoir, il n'eft condamné qu'à une
amende. J'ai dit ci-deffus qu'elle étoit
toujours au profit des Pauvres, parce
que ç'a toujours été l'ufage parmi les
Francs-Maçons. On a jugé à propos,
dans quelques Loges modernes, de
garder cet argent pour fe régaler en
commun.

Lorfque le Frére qui a été *admo-
nêté*, n'a pas égard aux remontran-
ces du Vénérable, on agit contre lui
à la rigueur, fi le cas paroit l'exiger.
Le Vénérable confulte, on va aux

F

opinions ; & lorſque les avis ſe réu-
niſſent pour l'Excluſion d'un Frére,
voici comme on y procéde. Le Vénérable frappe ſur la table, & dit:
A l'Ordre, mes Fréres. Les Surveillans frappent auſſi, & répétent ce
qu'a dit le Vénérable. Lorſque tout
le monde paroit attentif à l'Ordre
donné, le Vénérable met la main en
équerre ſur ſa poitrine ; il s'adreſſe
au premier ou au ſecond Surveillant,
& il lui dit : *Frére, pourquoi vous êtes-
vous fait recevoir Maçon ?* Celui qui
eſt interrogé répond : *Vénérable, c'eſt
parce que j'étois dans les ténébres, &
que je voulois voir le jour.* Le Vénérable : *Comment avez-vous été reçu
Maçon ?* Réponſe : *Vénérable, par trois
grands coups.* Le Vénérable : *Que ſignifient ces trois grands coups ?* Réponſe :
*Frappez, on vous ouvrira ; demandez,
on vous donnera ; préſentez-vous, & l'on
vous recevra.* Le Vénérable : *Quand
vous avez été reçu, qu'avez-vous vu ?*
Réponſe : *Vénérable, rien que je puiſſe*

SUPPLÉMENT

AU

SECRET

DES

FRANCS-MAÇONS.

o
s
an
an
p
c
ja
n
r
rr
ng
ên
nc
on
rle
e
tai
re
rra
tic
fle
re
Ce
Fr

doit altérer confidérablement le plaifir que goutent les Fréres à chanter
les Hymnes de leur Ordre. Cependant, comme il eft de régle de chanter
dans les Affemblées ordinaires, on
reprend le fil des Chanfons, lorfque
le calme eft entiérement rétabli. J'ai
déja dit, que l'on finiffoit par la Chan-
fon des Apprentifs, & j'ai fait obferver, que les *Domeftiquès* ou *Fréres-
Servans* venoient alors fe mettre en
rang avec les Maîtres. J'ai décrit au
même endroit, de quelle façon on fe
conduifoit dans cette derniére cérémonie; ainfi je me crois difpenfé d'en
parler ici davantage. Je pourrai quelque jour entrer dans un plus grand
détail, lorfque je donnerai une Hiftoire complette de cet Ordre. On y
verra fon origine, fes progrès, fes va-
riations : peut-être auffi que ce qui fe
paffe aujourd'hui, me fournira l'Hiftoire de fa décadence & de fa ruine.

Cet Ordre, quoique parvenu chez
les François, auroit pu s'y conferver

dans toute fa dignité, fi l'on eût apporté plus d'attention & de difcernement dans le choix que l'on a fait de ceux qui demandoient à y être admis. Je ne dis pas qu'il eût fallu exiger de la naiffance, ou des talens fupérieurs : il auroit fuffi de s'attacher principalement à l'éducation & aux fentimens ; en un mòt, aux qualités de l'efprit & du cœur. On n'auroit pas multiplié à l'infini une Société, qui ne fe foutiendra jamais que par le mérite marqué de fes Membres.

Je ne fuis point de l'opinion de ceux qui croient que les fentimens, ou les mœurs, appartiennent à un Quartier plutôt qu'à un autre. On penfe actuellement auffi-bien au Marais qu'au Fauxbourg Saint - Germain, & bientôt on y parlera la même Langue, & on y aura les maniéres auffi nobles. J'obferverai cependant à l'égard des Francs-Maçons, que ce préjugé de mérite local pourroit avoir quelque lieu.

L'époque de leur décadence peut se rapporter au tems où cette Société s'est étendue vers la rue Saint-Denis; c'est là qu'en arrivant elle s'est sentie frappée d'influences malignes, qui ont altéré d'abord la régularité de ses traits, & l'ont ensuite entiérement défigurée par le commerce de la rue des Lombards. Je laisse aux véritables & zélés Francs-Maçons le soin de faire entendre clairement ce que je dis ici; ils y sont intéressés.

Ce qui est certain, c'est que, par une trop grande facilité, on a admis à la Dignité de Compagnons & de Maîtres, des gens qui, dans des Loges bien réglées, n'auroient pas eu les qualités requises pour être Fréres-Servans. On a été plus loin : la religion du Grand-Maître a été surprise au point de lui faire accorder des Patentes de Maîtres de Loge, à des personnes incapables de commander dans la plus vile Classe des Profanes. Alors, pour la premiére fois,

la Maçonnerie étonnée a vu, avec
horreur, s'introduire dans son sein
le méprisable intérêt & l'indécence
grossiére.

Lorsque des gens de certaine étoffe
sont curieux de faire une Société,
que ne cherchent-ils dans leur espéce
dequoi la former?

Le sage Anglois, chez qui la Maçonnerie a pris naissance, nous fournit des exemples de quantité de Sociétés, aussi différentes entre elles,
qu'il y a de différentes Classes de Sujets dans un Etat; & ce qu'il y a de
remarquable, à la honte de certains
François intrus dans la Maçonnerie,
c'est que les Sociétés même du plus
bas étage observent toujours à leur
façon la plus exacte décence. Il y a
entre autres à Londres une Société
qu'on appelle la *Cotterie de deux sols*,
ainsi nommée, parce que chaque As-
socié met deux sols sur la table en
entrant dans l'Assemblée. Cette Confrérie n'est composée que d'Artisans

très-groffiers, parmi lefquels on n'a jamais entendu dire qu'il fe foit rien paffé de contraire au bon Ordre. La vertu les unit; elle eft véritablement un peu groffiére, mais c'eft la vertu de leur état. Ces Affociés ont des Statuts affez conformes à leur groffiéreté. Je ne citerai pour exemple que le IV. Article de leur Réglement, qui eft conçu en ces termes : *Si quelqu'un jure, ou dit des paroles choquantes à un autre, fon voifin peut lui donner un coup de pied fur les os des jambes.* * Cette façon finguliére d'avertir fon voifin me paroit affez expreffive. Ce qui eft admirable, c'eft que lorfqu'on en a fait ufage, il n'en eft jamais réfulté aucun défordre ; au contraire, celui qui eft averti de cette maniére ne s'en fâche point, il fe tient pour bien averti, & il fe corrige.

On auroit pu de même former à Paris des Sociétés convenables au génie & aux maniéres de quantité de

* Ceci eft tiré du *Spectateur.*

Particuliers, * qui ne font point faits
pour pratiquer des perfonnes qui
penfent. On leur auroit donné des
Réglemens à leur portée. Celui que
je viens de citer auroit pu y figurer
d'autant mieux, qu'ils y font accoutu-
més : comme dans leurs quarts d'heures d'enjoûment, ou lorfque la vente
ne donne pas, ils fe livrent volontiers
à ce noble exercice, ils auroient pu
s'en fervir auffi pour s'avertir chari-
tablement de leurs fautes.

Le Très-Vénérable qui eft aujour-
d'hui à la tête de l'Ordre, va, dit-on,
travailler efficacement à écarter de la
Confrérie Maçonne tout ce qui n'eft
pas digne d'elle. Ce grand ouvrage
avoit été projetté par fon illuftre Pré-
déceffeur, qu'une mort prématurée

---

* Ceux qui connoiffent un peu les Habitans
de certains Quartiers Marchands, font affez au
fait des façons finguliéres avec lefquelles ces
Meffieurs s'abordent réciproquement. A la ru-
deffe de leurs geftes & à la groffiéreté de leurs
difcours, il femble qu'ils difputent continuellement enfemble d'impoliteffe.

vient d'enlever au Monde & à la Maçonnerie.

On a remarqué que les Francs-Maçons Parisiens n'ont pas eu l'attention
de faire faire un Service pour le re-
pos de l'ame de ce dernier Grand-
Maître. Les uns ont cru, que par
un privilége spécial, un véritable
Maçon, & à plus forte raison, celui
qui est revêtu de l'auguste Dignité de
Très-Vénérable, prenoit en quittant
ce Monde un libre essor vers le Ciel,
sans appréhender aucun écart sur la
route.

D'autres ont imaginé, qu'en rece-
vant des Anglois l'Ordre Franc-Maçon, les Associés avoient peut-être
hérité en même-tems du peu de gout
que cette Nation paroit avoir pour
le Purgatoire.

Quelle que puisse être la raison qui
a fait omettre ce Service, les Francs-
Maçons Normands ont agi tout autrement : ils ont ordonné une Pompe
funébre dans l'Eglise des Jacobins de

Rouen, ils en ont fait les honneurs, l'invitation a été solemnelle, & les Fréres des sept Loges de Rouen s'y sont transportés vêtus de deuil ; ils ont observé, autant que la circonstance le leur a permis, les cérémonies de leur Ordre, en ordonnant qu'on marcheroit trois à trois à la Pompe funébre. Cela a été ponctuellement exécuté, à l'honneur de la Maçonnerie & à l'édification de tous les Fidéles Normands.

FIN.

Pl. I.

Fidelitas moribus unita

Pl. IV.

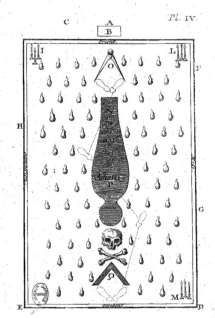

PLAN de la Loge pour la Réception d'un Apprentif-Compagnon, tel qu'il a été publié à Paris, mais inexact.

1. Colonne Jakin.
2. Colonne Boaz.
3. Les sept marches pour monter au Temple.
4. Pavé Mosaïque.
5. Fenêtre d'Occident.
6. Planche à tracer, pour les Maîtres.
7. Etoile flamboyante.
8. Fenêtre du Midi.
9. Perpendiculaire, ou à plomb.
10. Fenêtre d'Orient.
11. Niveau.
12. Pierre brute.
13. Equerre.
14. Pierre cubique à pointe.
15. Houpe dentelée.
A. Place du Grand-Maître.
B. Place du premier Surveillant.
C. Place du second Surveillant.
D. Autel.
E. Tabouret.
F. G. H. Les trois Lumières.

PLAN de la Loge pour la Réception d'un Maître, tel qu'il a été publié à Paris, mais inexact.

A. Place du Grand-Maître.
B. Autel.
C. Place de l'Orateur.
D. Place du premier Surveillant.
E. Place du second Surveillant.
F. G. H. Place des trois Frères au rouleau de papier.
I. Lumières d'Orient.
L. Lumières du Midi.
M. Lumières d'Occident.
N. Branche d'Acacia.
O. Compas.
P. Ancien Mot de Maître.
Q. Equerre.

D
npr
ez-
n e
tois
ne
t fe
ez é
rien
rien
e, co
Véne
vrie
énéra
s?
ut. I
ent?
Solei
llans
iers
Le
nten
er
mpag
mée.
me

comprendre. Le Vénérable : *Comment étiez-vous vêtu quand vous avez été reçu en Loge ?* Réponse : *Vénérable, je n'étois ni nud, ni vêtu ; j'étois pourtant d'une manière décente.* Le Vénérable : *Où se tenoit le Vénérable quand vous avez été reçu ?* Réponse : *Vénérable, à l'Orient.* Le Vénérable : *Pourquoi à l'Orient ?* Réponse : *Vénérable, parce que, comme le Soleil se lève en Orient, le Vénérable s'y tient pour ouvrir aux Ouvriers & pour éclairer la Loge.* Le Vénérable : *Où se tenoient les Surveillans ?* Réponse : *Vénérable, en Occident.* Le Vénérable : *Pourquoi en Occident ?* Réponse : *Parce que, comme le Soleil se couche en Occident, les Surveillans s'y tiennent pour payer les Ouvriers & pour fermer la Loge.*

Le Vénérable prononce alors la Sentence d'Exclusion, en disant : *Premier & second Surveillans, Frères & Compagnons de cette Loge, la Loge est fermée.* Les Surveillans répétent la même chose. Le Vénérable dit alors

F 2

au Frére qui a manqué, que c'eft par rapport à la faute qu'il a commife, & qu'il n'a pas voulu réparer, qu'on a fermé la Loge. Dès-là, celui qui eft l'objet de la reprimande, eft exclus de l'Ordre; il n'eft plus fait mention de lui, lorfqu'on invite les Fréres pour affifter à une Réception; & on a foin en même-tems de faire avertir les autres Loges du caractére peu fociable de celui contre lequel on s'eft trouvé dans l'obligation de févir : alors il ne doit être admis nulle part; c'eft un des Statuts de l'Ordre.

Au refte, il faut que l'obftination d'un Frére foit pouffée un peu loin, pour qu'on en vienne à une telle extrêmité. Un Ordre qui ne refpire que la douceur, la tranquilité & la paix, ne permet pas qu'on prononce contre un des Membres aucun Arrêt rigoureux, fans avoir tenté auparavant toutes les voies poffibles de conciliation.

Une interruption auffi affligeante

RÉCEPTION
DU
MAÎTRE.

L'Apprentif - Compagnon qui veut se faire recevoir *Maître*, doit s'adresser à quelque Maître déja reçu ; de la même maniére qu'un *Profane* qui veut devenir Franc-Maçon, est obligé de s'adresser à quelqu'un des Fréres pour se faire proposer. La *proposition* du Maître & la réponse de la Loge, se font avec les mêmes cérémonies qui se pratiquent à l'égard des Profanes, c'est-à-dire, que sur le témoignage du *Proposant*, le Postulant est accepté, & qu'on lui

fixe un jour pour fa Réception, qui
fe fait de la maniére fuivante.

Le Récipiendaire n'a ni les yeux
bandés, ni le genou découvert, ni un
foulier en pantoufle, & l'on n'obferve
point non plus qu'il foit dépourvu
de tous métaux, ainfi qu'on le fait à
la Réception de l'Apprentif-Compagnon. Il eft habillé comme bon lui
femble, excepté qu'il eft fans épée,
& qu'il porte fon Tablier en Compagnon. * Il fe tient feulement à la
porte en dehors de la Loge, jufqu'à
ce que le fecond Surveillant le faffe
entrer, & on lui donne pour compagnie un Frére Apprentif - Compa-
gnon-Maître, que l'on nomme, en ce
cas, le *Frére terrible*, qui eft celui qui
le doit propofer, & remettre entre
les mains du fecond Surveillant. On
ne permet point à ceux qui ne font
qu'Ap-

* Le Compagnon attache la bavette de fon
Tablier à fon habit, le Maître la laiffe tomber
fur le Tablier.

qu'Apprentifs-Compagnons , d'affifter à la Réception des Maîtres.

Dans la chambre où fe fait cette
cérémonie , on trace fur le plancher
la Loge du Maître, qui eft la forme
d'un Cercueil entouré de larmes. *
Sur l'un des bouts du Cercueil, on
deffine une Tête de mort, fur l'autre,
deux Os en fautoir, & l'on écrit au
milieu *Jehova*, ancien Mot du Maître. Devant le Cercueil, on trace un
Compas ouvert ; à l'autre bout, une
Equerre, & à main droite, une Montagne , fur le fommet de laquelle eft
une branche d'Acacia , & l'on marque, comme fur la Loge de l'Apprentif-Compagnon , les quatre Points
cardinaux. On illumine ce deffein de
neuf bougies, favoir, trois à l'Orient,
trois au Midi , & trois à l'Occident,
& autour l'on pofte trois Fréres, l'un
au Septentrion , l'autre au Midi, &
le troifiéme à l'Orient, qui tiennent

* Voyez le *Véritable Deffein de la Loge du
Maître.*

G

chacun un Rouleau de papier, ou de quelque autre matiére flexible, caché fous l'habit.

Après quoi le Grand-Maître de la Loge, que l'on nomme pour lors *Très-Refpectable*, prend fa place, & fe met devant une efpéce de petit Autel qui eft à l'Orient, fur lequel eft le Livre de l'Evangile, & un petit Maillet. Le premier & le fecond Surveillans, qu'on appelle alors *Vénérables*, fe tiennent à l'Occident, debout vis-à-vis du Grand-Maître, aux deux coins de la Loge. Les autres Officiers, qui confiftent en un *Orateur*, un *Sécrétaire*, un *Tréforier*, & un autre qui eft pour faire faire filence, fe placent indifférenment autour de la Loge avec les autres Fréres. Il y en a un feulement qui fe tient à la porte en-dedans de la Loge, & qui fait fentinelle, une épée nue à chaque main, l'une la pointe en haut & l'autre la pointe en-bas: celle-ci, qu'il tient de la main gau-

che, eſt pour donner au ſecond Surveillant, quand il fait entrer le Récipiendaire.

Tout le monde ainſi placé , le
Grand-Maître fait le ſigne de Maître,
qui eſt de porter la main droite au-
deſſus de la tête; le revers tourné du
côté du front; les quatre doigts étendus & ſerrés; le pouce écarté, & de
la porter ainſi dans le creux de l'eſ-
tomac. Enſuite il dit : *Mes Fréres,
aidez-moi à ouvrir la Loge.* A quoi le
premier Surveillant répond : *Allons,
mes Fréres , à l'Ordre.* Auſſi-tôt ils
font tous le ſigne de Maître, & reſ-
tent dans la derniére attitude de ce
ſigne , tout le tems que le Grand-
Maître fait alternativement quelques
queſtions du Catéchiſme qui ſuit, au
premier & au ſecond Surveillans, &
juſqu'à ce qu'il diſe enfin : *Mes Fréres, la Loge eſt ouverte.*

Alors on ſe remet dans l'attitude
que l'on veut , & le *Frére terrible*
frappe à la porte trois fois trois

coups. * Le Grand-Maître lui répond en frappant de même, avec son petit Maillet, trois fois trois coups sur l'Autel qui est devant lui. Ensuite le second Surveillant fait le signe de Maître, & faisant une profonde inclination au Grand-Maître, il va ouvrir la porte, & demande à celui qui a frappé : *Que souhaitez-vous, Frére?* L'autre répond : *C'est un Apprentif-Compagnon-Maçon, qui désire d'être reçu Maître.* Le second Surveillant reprend : *A-t'il fait son tems? son Maître est-il content de lui?* Oui, *Vénérable*, répond le Frére terrible. Après cela, le Surveillant ferme la porte, vient se remettre à sa place, en faisant le signe de Maître & la révérence; puis il dit, en s'adressant au

---

* On frappe d'abord deux petits coups près à près; mais on laisse un peu plus d'intervalle entre le second & le troisiéme, que l'on frappe aussi plus fort. Cela se répéte trois fois. La même gradation de force & de vitesse s'observe aussi à table, lorsqu'on frappe des mains après avoir bu.

Grand-Maître : *Très-Respectable, c'est un Apprentif-Compagnon qui désire d'être reçu Maître. A-t'il fait son tems? son Maître est-il content de lui? l'en jugez-vous digne*, demande le Grand-Maître ? *Oui, Très-Respectable*, répond le second Surveillant. *Faites-le donc entrer*, reprend le Grand-Maître. A ces mots, le second Surveillant, après avoir fait encore le même signe & l'inclination qu'il a déja faite deux fois, va demander au Frére qui fait sentinelle, l'épée qu'il tient de la main gauche, la prend aussi de la même main, & de la droite ouvre brusquement la porte, en présentant la pointe de son épée au Récipiendaire, à qui il dit en même-tems de la prendre par ce bout-là, de la main droite, de la poser sur sa mammelle gauche, & de la tenir ainsi jusqu'à ce qu'on lui dise de l'ôter. Cela fait, il le prend de la main droite par l'autre main, & le fait entrer de cette façon dans la chambre de Réception, lui

fait faire trois fois * le tour de la Loge, (le dos tourné vers le milieu de
la Loge, où eſt la figure du Cercueil)
en commençant par l'Occident, toujours dans la même attitude, à la ré-
ſerve que chaque fois qu'ils paſſent
devant le Grand-Maître, le Récipiendaire quitte la pointe de l'épée & la
main de ſon Conducteur, & fait, en
s'inclinant, le ſigne de Compagnon.
Le Grand-Maître & tous les autres
Fréres lui répondent par le ſigne de
Maître : après quoi, le ſecond Surveillant & le Récipiendaire ſe remettent dans leur premiére poſture, &
continuent leur route, en faiſant toujours la même cérémonie à chaque
tour.

Il faut obſerver ici, qu'avant que
d'introduire le Récipiendaire dans la
Loge, le Grand-Maître ordonne au
dernier-reçu des Maîtres, de s'étendre
par terre ſur la figure du Cercueil

* *Neuf fois*, dans quelques Loges ; & dans
d'autres, *une fois*.

dont j'ai parlé, le visage en haut, le bras gauche étendu le long de la cuisse, le droit plié sur la poitrine, de façon que la main touche l'endroit du cœur, cette même main couverte du tablier, que l'on relève pour cela, & le visage couvert du Linge teint de sang, dont je parlerai tout-à-l'heure.

Le dernier tour achevé, le Récipiendaire se trouve vis-à-vis du Grand-Maître, & entre les deux Surveillans. Alors le Grand-Maître s'avance vers le Frére qui est étendu par terre, & le relève avec les mêmes cérémonies qu'il emploie pour relever le Récipiendaire, & que l'on verra dans la suite. Cela fait, le second Surveillant remet l'épée à celui à qui il l'avoit prise, & frappe trois fois trois coups sur l'épaule du premier Surveillant, en passant la main par-derrière le Récipiendaire. Alors le premier Surveillant lui demande : *Que souhaitez-vous, Vénérable?* Il répond : *C'est un Apprentif-Compagnon-Maçon, qui dé-*

G 4

fire d'être reçu *Maître. A-t'il fervi fon tems*, reprend le premier Surveillant? *Oui*, *Vénérable*, replique le fecond. Après cela, le premier Surveillant fait le figne de Maître, & dit au Grand-Maître : *Très-Refpectable*, *c'eft un Apprentif-Compagnon qui défire d'être reçu Maître. Faites-le marcher en Maître, & me le préfentez*, répond le Très-Refpectable. Alors le premier Surveillant lui fait faire la double Equerre, qui eft de mettre les deux talons l'un contre l'autre, & les deux pointes du pied en dehors, de façon qu'ils touchent les bouts de l'Equerre qui eft tracée dans la Loge de Maître. Enfuite, il lui montre la marche de Maître, qui eft de faire le chemin qu'il y a de l'Equerre au Compas, en trois grands pas égaux, faits un peu en triangle, c'eft-à-dire, qu'en partant de l'Equerre, il porte le pied droit en avant un peu vers le Midi; le gauche, en tirant un peu du côté du Septentrion ; & pour le dernier pas, il porte le pied droit à la pointe du Compas qui eſt du côté du Midi, fait ſuivre le gauche, & aſſemble les deux talons de façon que cela forme, avec le Compas, encore une double Equerre. Il eſt néceſſaire d'obſerver, qu'à chaque pas qu'il fait, les trois Fréres dont j'ai parlé, qui tiennent un rouleau de papier, lui en donnent chacun un coup ſur les épaules, lorſqu'il paſſe auprès d'eux.

Ces trois pas faits, le Récipiendaire ſe trouve par conſéquent tout auprès & vis-à-vis du Grand-Maître, qui pour lors prend ſon petit Maillet, en diſant au Récipiendaire : *Promettez-vous, ſous la même obligation que vous avez contractée en vous faiſant recevoir Apprentif-Compagnon, de garder le ſecret des Maîtres envers les Compagnons, comme vous avez gardé celui des Compagnons envers les Profanes, & de prendre le parti des Maîtres contre les Compagnons rébelles ? Oui, Très-Reſpectable,* dit le Récipiendaire.

Moyennant quoi, le Grand-Maître lui donne trois petits coups de son Maillet sur le front ; & sitôt que le troisiéme coup est donné, les deux Surveillans, qui le tiennent à brasse-corps, le jettent en arriére tout étendu sur la forme du Cercueil qui est tracé sur le plancher : aussi-tôt un autre Frére vient, & lui met sur le visage un Linge, qui semble être teint de sang dans plusieurs endroits. Cette cérémonie faite, le premier Surveil-lant frappe trois coups dans sa main, & aussi-tôt tous les Fréres tirent l'é-pée, & en présentent la pointe au corps du Récipiendaire. Ils restent tous un instant dans cette attitude. Le Surveillant frappe encore trois autres coups dans sa main : tous les Fréres alors remettent l'épée dans le fourreau ; & le Grand-Maître s'ap-proche du Récipiendaire, le prend par l'*Index* (ou le premier doigt) de la main droite, le pouce appuyé sur la premiére & grosse jointure, fait

semblant de faire un effort comme
pour le relever, & le laissant échap-
per volontairement, en glissant les
doigts, il dit : *Jakin*. Après quoi, il
le prend encore de la même façon par
le second doigt, & le laissant échap-
per comme le premier, il dit : *Boaz*.
Ensuite il le prend par le poignet, en
lui appuyant les quatre doigts écartés, à demi pliés en forme de serre,
sur la jointure du poignet, au-dessus
de la paume de la main, son pouce
passé entre le pouce & l'*Index* du Récipiendaire, & lui donne par-là l'attouchement de Maître. En lui tenant
ainsi toujours la main serrée, il lui
dit de retirer sa jambe droite vers le
corps, & de la plier de façon que le
pied puisse porter à plat sur le plancher, c'est-à-dire, que le genou & le
pied soient en ligne perpendiculaire,
autant qu'il est possible, & lui dit de
tenir le corps étendu, ferme & comme roide. En même-tems le Grand-
Maître approche sa jambe droite de

celle du Récipiendaire, de maniére
que le dedans du genou de l'un touche au-dedans du genou de l'autre,
& enfuite il lui dit de lui paffer la
main gauche par-deffus le cou; & le
Grand-Maître, qui en fe baiffant paffe
auffi fa main gauche par-deffus le cou
du Récipiendaire, le reléve à l'inftant, en fe joignant à lui pied contre
pied, genou contre genou, poitrine
contre poitrine, joue contre joue, &
lui dit alors, partie à une oreille, &
partie à l'autre, *Mac-benac*, qui eft le
Mot de Maître.

Alors on lui ôte de deffus la tête,
le Linge teint de fang, & le Grand-
Maître lui dit en mémoire de qui on
a fait toute cette cérémonie, & l'inf-
truit des Myftéres de la Maîtrife,
qu'on a vus ci-deffus, & qui font le
Signe, l'Attouchement, & le Mot.
Moyennant cela, on le reconnoit
parmi les Maçons, pour un Frére
qui a paffé par tous les grades de la
Maçonnerie, & qui n'a rien à défirer

Pl. VI.

e d
fme
por

l'H
NI
chitec

Ou
y a
té de
r qu
mple
t le
e ce F
n de
Quel
ram é
c'é
taux
des

que de favoir parfaitement le Catéchifme, que je donnerai après avoir
rapporté l'Hiftoire d'Hiram.

ABRÉGÉ

*De l'Hiftoire de HIRAM, ADO-
NIRAM, ou ADORAM, Ar-
chitecte du Temple de Salomon.*

POur comprendre le rapport qu'il
y a entre cette Hiftoire & la Société des Francs-Maçons, il faut favoir que leur Loge repréfente le
Temple de Salomon, & qu'ils don-
nènt le nom d'*Airam* à l'Architecte
que ce Prince choifit pour la conftruction de ce fameux édifice.

Quelques-uns prétendent que cet
Hiram étoit Roi de Tyr; & d'autres,
que c'étoit un célébre Ouvrier en
métaux, que Salomon avoit fait venir des Pays étrangers, & qui fit les

deux Colonnes d'airain qu'on voyoit
à la porte du Temple, l'une appellée
Jachin, & l'autre *Boaz*.

L'Auteur du *Secret des Francs-Maçons* a raison de dire qu'il ne s'agit
point d'*Hiram* Roi de Tyr, chez les
Francs-Maçons; mais il ne s'agit point
non plus, comme il le prétend, de
cet *Hiram* admirable Ouvrier en métaux, que Salomon avoit fait venir
de Tyr, & qui fit les deux Colonnes
de bronze. * Quel rapport pourroit
avoir un Ouvrier en métaux, avec
la Confrérie des Francs - Maçons?
Il me semble que la qualité qu'ils
prennent de Maçons, le Tablier de
peau blanche, la Truelle qu'ils portent, & tous les autres instrumens allégoriques dont ils se décorent en
Loge, n'ont rien de commun avec
les Orfévres, les Serruriers, les Fondeurs, ni les Chaudronniers. Mais,
outre qu'il n'est point vraisemblable
qu'il s'agisse parmi eux, d'Hiram Roi

* Joseph appelle cet Ouvrier *Chiram*.

de Tyr, non plus que d'Hiram Ouvrier en métaux, ils conviennent tous que c'eſt en mémoire de l'Architecte du Temple de Salomon, qu'ils font toutes leurs cérémonies, & principalement celles qu'ils obſervent à la Réception des Maîtres. Après cela, comment peut-on s'y méprendre, puiſque l'Ecriture nous apprend que celui qui conduiſoit les travaux pour la conſtruction du Temple de Salomon, s'appelloit *Adoniram* ? Il eſt vrai que Joſeph, dans ſon Hiſtoire des Juifs, dit qu'il ſe nommoit *Adoram*; mais cette différence ne doit pas le faire confondre avec Hiram Roi de Tyr, ni avec Hiram Ouvrier en métaux. Il n'eſt donc pas douteux que celui dont les Francs-Maçons honorent la mémoire, s'appelloit *Adoniram* ou *Adoram*, & que c'eſt à lui à qui ils prétendent qu'eſt arrivée l'Avanture tragique, dont je vais faire le récit.

On ne trouve aucuns veſtiges de

ce trait d'Hiftoire dans l'Ecriture, ni dans Jofeph. Les Francs - Maçons prétendent qu'elle a été puifée dans le Thalmud ; mais comme je crois qu'il eft fort indifférent de favoir d'où elle peut être tirée, je n'ai pas fait de grandes recherches pour m'en affurer. Je me fonde uniquement fur la Tradition reçue parmi les Francs-Maçons, & je la rapporte fidélement, comme ils la racontent tous.

Adoniram, *Adoram*, ou *Hiram*, à qui Salomon avoit donné l'intendance & la conduite des travaux de fon Temple, avoit un fi grand nombre d'Ouvriers à payer, qu'il ne pouvoit les connoître tous ; & pour ne pas rifquer de payer l'Apprentif comme le Compagnon, & le Compagnon comme le Maître, il convint avec chacun d'eux en particulier, de *Mots*, de *Signes* & d'*Attouchemens* différens pour les diftinguer.

Le Mot de l'*Apprentif* étoit *Jachin*, nom d'une des deux Colonnes d'airain

rain qui étoient à la porte du Temple, auprès de laquelle ils s'assembloient pour recevoir leur salaire. Leur Signe étoit de porter la main droite sur l'épaule gauche, de la retirer sur la même ligne du côté droit, & de la laisser retomber sur la cuisse; le tout en trois tems. Leur Attouchement étoit d'appuyer le pouce droit sur la premiére & grosse jointure de l'*Index* de la main droite de celui à qui ils vouloient se faire connoître.

Le Mot des *Compagnons* étoit *Boaz*; on appelloit ainsi l'autre Colonne d'airain qui étoit à la porte du Temple, où ils s'assembloient aussi pour recevoir leur salaire. Leur Signe étoit de porter la main droite sur la mammelle gauche, les quatre doigts serrés & étendus, & le pouce écarté. Leur Attouchement étoit le même que celui des Apprentifs, excepté qu'ils le faisoient sur le second doigt, & les Apprentifs sur le premier.

H

Le Maître n'avoit qu'un Mot pour se faire distinguer d'avec ceux dont je viens de parler, qui étoit *Jehova*; mais il fut changé après la mort d'Adoniram, dont je vais faire l'Histoire.

Trois Compagnons, pour tâcher d'avoir la paie de Maître, résolurent de demander le Mot de Maître à Adoniram, lorsqu'ils pourroient le rencontrer seul, ou de l'assassiner, s'il ne vouloit pas le leur dire. Pour cet effet, ils se cachèrent dans le Temple, où ils savoient qu'Adoniram alloit seul tous les soirs faire la ronde. Ils se postèrent, l'un au Midi, l'autre au Septentrion, & le troisiéme à l'Orient. Adoniram étant entré, comme à l'ordinaire, par la porte de l'Occident, & voulant sortir par celle du Midi, un des trois Compagnons lui demanda le Mot de Maître, en levant sur lui le bâton, ou le marteau, qu'il tenoit à la main. Adoniram lui dit, qu'il n'avoit pas reçu le Mot de Maître de cette façon-là. Aussi-tôt le

Compagnon lui porta fur la tête un coup de fon bâton, ou de fon marteau. Le coup n'ayant pas été affez violent pour jetter Adoniram par terre, il fe fauva du côté de la porte du Septentrion, où il trouva le fecond, qui lui en fit autant. Cependant, comme ce fecond coup ne l'avoit pas encore terraffé, il fut pour fortir par la porte de l'Orient; mais il y trouva le dernier, qui après lui avoir fait la même demande que les deux premiers, acheva de l'affommer. Après quoi ils fe rejoignirent tous les trois pour l'enterrer; mais comme il faifoit encore jour, ils n'oferent tranfporter le corps fur le champ, ils fe contenterent de le cacher fous un tas de pierres; & quand la nuit fut venue, ils le tranfporterent fur une Montagne, où ils l'enterrerent; & afin de pouvoir reconnoître l'endroit, ils couperent une branche d'un Acacia qui étoit auprès d'eux, & la planterent fur la foffe.

H 2

Salomon ayant été sept jours sans voir Adoniram, ordonna à neuf Maîtres de le chercher; & pour cet effet, d'aller d'abord se mettre trois à chaque porte du Temple, pour tâcher de savoir ce qu'il étoit devenu. Ces neuf Maîtres exécuterent fidélement les ordres de Salomon; & après avoir cherché long-tems aux environs, sans avoir appris aucune nouvelle d'Adoniram, trois d'entre eux, qui se trouverent un peu fatigués, furent justement pour se reposer auprès de l'endroit où il étoit enterré. L'un des trois, pour s'asseoir plus aisément, prit la branche d'Acacia, qui lui resta à la main; ce qui leur fit remarquer que la terre, en cet endroit, avoit été remuée nouvellement; & voulant en savoir la cause, ils se mirent à fouiller, & trouverent le corps d'Adoniram. Alors ils firent signe aux autres de venir vers eux, & ayant tous reconnu leur Maître, ils se douterent que ce pouvoit être quelques

Compagnons qui avoient fait ce coup-
là, en voulant le forcer de leur donner le Mot de Maître ; & dans la
crainte qu'ils ne l'euſſent tiré de lui,
ils réſolurent d'abord de le changer,
& de prendre le premier mot qu'un
d'entre eux pourroit dire en déter-
rant le cadavre. Il y en eut un qui le
prit par un doigt ; mais la peau ſe
détacha & lui reſta dans la main. Le
ſecond Maître le prit ſur le champ
par un autre doigt, qui en fit tout
autant. Le troiſiéme le prit par le
poignet, de la même maniére que le
Grand - Maître ſaiſit le poignet du
Compagnon, dans la cérémonie de la
Réception, qui a été décrite ci-deſſus,
la peau ſe ſépara encore ; ſur quoi il
s'écria : *Machenac*, qui ſignifie, ſelon
les Francs-Maçons, *la chair quitte les
ôs*, ou *le corps eſt corrompu*. Auſſi-tôt
ils convinrent enſemble, que ce ſeroit là dorénavant le Mot de Maître.
Ils allerent, ſur le champ, rendre
compte de cette avanture à Salomon,

qui en fut fort touché; & pour donner des marques de l'eſtime qu'il
avoit eue pour Adoniram, il ordonna
à tous les Maîtres de l'aller exhu-
mer, & de le tranſporter dans le Temple, où il le fit enterrer en grande
pompe. Pendant la cérémonie, tous
les Maîtres portoient des Tabliers &
des Gants de peau blanche, pour marquer qu'aucun d'eux n'avoit ſouillé
ſes mains du ſang de leur Chef.

Telle eſt l'Hiſtoire d'Hiram, que
le Grand-Maître raconte au Récipiendaire, le jour de ſa Réception.
Comme ce n'eſt qu'une fiction, &
qu'on n'en trouve pas la moindre
trace dans l'Hiſtoire ſacrée ni profane, il ne faut pas être ſurpris ſi les
Francs-Maçons ne s'accordent pas
toujours ſur le nom de cet Architecte,
ni ſur les circonſtances de ſa mort. Par
exemple, j'ai dit que les trois Compagnons planterent une branche d'Acacia ſur la foſſe d'Hiram; mais d'autres
prétendent que cette branche fut plan-

tée par les Maîtres qui cherchoient le corps, afin de pouvoir reconnoître l'endroit où ils l'avoient trouvé. Quelques-uns prétendent aussi, que les Maîtres exhumerent le corps d'Hiram, avant que d'aller rendre compte à Salomon de leur avanture : au lieu que j'ai dit que ce fut ce Prince qui fit déterrer le cadavre. Il y en a encore qui soutiennent que le premier coup que reçut Hiram, fut un coup de Brique ; le second, un coup de Pierre cubique ; & le troisiéme, un coup de Marteau. Enfin, il y en a qui disent que ce fut Salomon qui s'avisa de changer le Mot de Maître ; au lieu que d'autres prétendent que les Maîtres firent ce changement sans le consulter. En un mot, dans toutes les Loges que j'ai vues, j'ai trouvé quelque différence ; mais par rapport aux particularités seulement, & non quant à l'essentiel. La maniére dont j'ai raconté cette Histoire, est conforme à l'opinion la plus communément reçue.

CATÉCHISME

DES

FRANCS-MAÇONS,

Qui contient les principales Demandes & Réponses qu'ils se font entre eux pour se reconnoître, tant Apprentifs que Compagnons & Maîtres. On a seulement distingué les Réponses qui ne conviennent qu'au Maître seul, en mettant à la tête, R. du Maître.

D. Etes-vous Maçon?
R. Mes Fréres & Compagnons me reconnoissent pour tel.

C'est ainsi que l'on répond quand la question se fait à l'oreille, ou tête à tête ; mais lorsqu'elle se fait tout haut, en présence des Profanes, on se contente de répondre : *Je fais gloire de l'être*; & l'autre replique : *Et moi je suis ravi de vous connoître.*

D. Pourquoi vous êtes-vous fait Maçon?

R. Parce que j'étois dans les ténébres, & que j'ai voulu voir la lumiére.

D. Quand on vous a fait voir la lumiére, qu'avez-vous apperçu?

R. Trois grandes Lumiéres.

D. Que signifient ces trois grandes Lumiéres?

R. Le Soleil, la Lune, & le Grand-Maître de la Loge.

D. A quoi connoit-on un Maçon?

R. Au Signe, à l'Attouchement, & au Mot.

Quelques-uns ajoutent: *Et aux circonstances de ma Réception.*

D. Dites-moi le mot de l'Apprentif.

R. Dites-moi la premiére Lettre, je vous dirai la seconde.

D. J.

R. A.

D. K.

R. I.

D. N.

R. Ja.
D. Kin.
R. Jakin.

Ils prononcent le mot *Jakin*, ou l'un après l'autre, ou tous deux enfemble. Le vrai nom eft *Jachin*; mais les Francs-Maçons difent communément *Jakin*.

D. Que veut dire le mot *Jakin?*
R. C'eft le nom d'une des deux Colonnes d'airain qui étoient à la porte du Temple de Salomon, auprès de laquelle s'affembloient les Apprentifs pour recevoir leur falaire.
D. Etes-vous Compagnon?
R. Oui, je le fuis.
D. Dites-moi le Mot du Compagnon.
R. Dites-moi la premiére Lettre, je vous dirai la feconde.
D. B.
R. O.
D. A.
R. Z.
D. Bo.

R. Az.
D. Boaz.
R. Boaz.

Ou l'un après l'autre, ou tous deux ensemble. *Boaz* est le vrai nom, & le plus usité parmi les Fréres. Il y en a pourtant qui disent *Booz*, & d'autres *Boz*.

D. Que signifie le mot *Boaz*?
R. C'est le nom de l'autre Colonne d'airain qui étoit à la porte du Temple, & auprès de laquelle s'assembloient les Compagnons pour recevoir leur salaire.
D. Quelle hauteur avoient ces deux Colonnes?
R. Dix-huit coudées.
D. Combien avoient-elles de tour?
R. Douze coudées.
D. Combien avoient-elles d'épaisseur?
R. Quatre doigts.
D. Où avez-vous été?
R. Dans une Loge réglée & parfaite.

D. Comment s'appelle cette Loge?
R. La Loge de Saint-Jean.

Il faut toujours répondre ainſi, lorſqu'on vous catéchiſe, parce que c'eſt le nom de toutes les Loges. Mais quand des Fréres qui ſe connoiſſent, s'entretiennent enſemble, ils diſtinguent les différentes Loges d'une même Ville, par le nom du Maître.

D. Où eſt-elle ſituée?
R. Dans la Vallée de Joſaphat en Terre-Sainte.

D'autres répondent: *Au ſommet d'une grande Montagne, & au fond d'une grande Vallée, où jamais Coq n'a chanté, Femme n'a babillé, Lion n'a rugi; en un mot, où tout eſt tranquile, comme dans la Vallée de Joſaphat:* Expreſſions figurées, pour marquer la concorde & la paix que regnent dans les Aſſemblées Maçonnes, & le ſoin que l'on prend d'en exclurre les Femmes.

D. Sur quoi eſt-elle fondée?
R. Sur trois Colonnes, la Sageſſe, la Force & la Beauté: la Sageſſe pour entreprendre, la Force pour exécuter, & la Beauté pour l'ornement.

D. Qui eſt-ce qui vous a mené à la Loge?

R. Une Perſonne, que j'ai reconnue enſuite pour Apprentif.

D. Comment étiez-vous habillé?

R. Ni nud, ni vêtu, ni chauſſé, ni déchauſſé; mais pourtant d'une façon décente, & dépourvu de tous métaux.

Le Récipiendaire a le genou droit nud, le ſoulier gauche en pantoufle, & on lui ôte tout ce qu'il a de métal ſur lui.

D. Qui avez-vous trouvé à la porte?

R. Le dernier-reçu des Apprentifs, l'épée à la main.

D. Pourquoi a-t'il l'épée à la main?

R. Pour écarter les Profanes.

D. Comment êtes-vous entré dans le Temple de Salomon?

R. Par ſept marches d'un Eſcalier en vis, qui ſe montent par trois, cinq & ſept.

D. Pourquoi étiez-vous dépourvu de tous métaux?

R. C'eſt que lorſqu'on bâtit le Temple de Salomon, les Cédres du Liban furent envoyés tout taillés, prêts à mettre en œuvre ; de forte qu'on n'entendit pas un coup de marteau, ni d'aucun autre outil lorfqu'on les employa.

D. Comment y avez-vous été admis?

R. Par trois grands coups.

D. Que fignifient ces trois coups?

R. Frappez, on vous ouvrira; demandez, on vous donnera; cherchez, & vous trouverez ; *ou* : Préfentez-vous, & l'on vous recevra.

D. Que vous ont produit ces trois grands coups?

R. Un fecond Surveillant.

D. Qu'a-t'il fait de vous?

R. Il m'a mis l'épée à la main.

D. Qu'a-t'il fait de vous enfuite?

R. Il m'a fait voyager, en tournant trois fois de l'Occident au Septentrion, à l'Orient & au Midi.

Ce font les trois tours que l'on fait faire au Récipiendaire lorfqu'il entre dans la Loge.

D. Quand vous avez été admis

dans la Loge, qu'avez-vous vu?

R. Rien que l'esprit humain puisse comprendre.

D. Quelle est la forme de la Loge?

R. Un Quarré long.

D. Quelle est sa longueur?

R. De l'Occident à l'Orient.

D. Sa largeur?

R. Du Midi au Septentrion.

D. Sa hauteur?

R. De la surface de la terre jusqu'au ciel.

D. Et sa profondeur?

R. De la surface de la terre jusqu'au centre.

D. Pourquoi répondez-vous ainsi?

R. Pour donner à entendre que les Francs-Maçons sont dispersés par toute la terre, & ne forment pourtant tous ensemble qu'une Loge.

D. De quoi la Loge est-elle couverte?

R. D'un Dais céleste parsemé d'Etoiles d'or.

D. Combien y a-t'il de fenêtres?

R. Trois.

D. Où font-elles fituées?

R. L'une à l'Orient, l'autre au Mi-di, & la troifiéme à l'Occident.

D. Pourquoi n'y en a-t'il pas au Septentrion?

R. Parce que la lumiére du Soleil ne vient jamais de ce côté-là.

D. Combien faut-il de Perfonnes pour compofer une Loge?

R. Trois la forment, cinq la com-pofent, & fept la rendent parfaite.

D. Qui font ces fept?

R. Le Grand-Maître, le premier & le fecond Surveillans, deux Com-pagnons & deux Apprentifs.

D. Où eft placé le Grand-Maître?

R. A l'Orient.

D. Pourquoi?

R. Comme c'eft à l'Orient que le Soleil ouvre la carriére du jour, le Grand-Maître doit s'y tenir auffi pour ouvrir la Loge, & mettre les Ou-vriers à l'œuvre.

D. Avez-vous vu le Grand-Maître?

R. Oui.

R. Oui.

D. Comment eſt-il vêtu ?

R. D'or & d'azur, *ou plutôt*, d'un habit jaune avec des bas bleus.

Ce n'eſt pas que le Grand-Maître ſoit habillé de cette façon ; mais *l'habit jaune* ſignifie la tête & le haut du Compas, que le Grand-Maître porte au bas de ſon Cordon, & qui eſt d'or, ou du moins doré ; & les *bas bleus*, les deux pointes du même Compas, qui ſont de fer ou d'acier : c'eſt ce que ſignifient auſſi l'*or* & l'*azur*.

D. Où ſe tiennent les Surveillans ?

R. A l'Occident.

D. Pourquoi ?

R. Comme le Soleil termine ſa courſe à l'Occident, de même les Surveillans ſe tiennent à l'Occident pour payer les Ouvriers, & fermer la Loge.

D. Où ſe tiennent les Maîtres ?

R. Au Midi.

D. Pourquoi ?

R. Comme c'eſt au point du Midi que le Soleil eſt dans ſa plus grande

I

force, les Maîtres se tiennent au Midi pour renforcer la Loge.

D. Où se tiennent les Compagnons?

R. Ils sont dispersés par toute la Loge.

D. Pourquoi?

R. Comme les Compagnons sont les Ouvriers, & que le travail doit se faire par-tout, il faut qu'ils se tiennent indifféremment dans toutes les parties de la Loge.

D. Où se tiennent les Apprentifs?

R. Au Septentrion, excepté le dernier-reçu.

D. Pourquoi?

R. Parce qu'ils sont encore dans les ténébres, & afin que se tenant au Septentrion, qui est le côté ténébreux, ils examinent delà le travail des Compagnons.

D. Combien y a-t'il d'ornemens dans la Loge?

R. Trois.

D. Quels sont-ils?

R. Le Pavé Mosaïque, l'Etoile flamboyante, & la Houpe dentelée.

D. Combien y a-t'il de Bijoux, *ou* de choses précieuses?

R. Six; trois mobiles, & trois immobiles.

D. Quels sont les trois mobiles?

R. L'Equerre, que porte le Maître; le Niveau, que porte le premier Surveillant; & la Perpendiculaire, que porte le second Surveillant.

D. Quels sont les trois immobiles?

R. La Pierre brute, pour les Apprentifs; la Pierre cubique à pointe, pour aiguiser les outils des Compagnons; & la Planche à tracer, sur laquelle les Maîtres font leurs Desseins.

D. Etes-vous Compagnon?

R. Oui, je le suis.

D. Comment avez-vous été reçu Compagnon?

R. Par l'Equerre, la Lettre G, & le Compas.

Allusion aux trois pas que l'on fait faire au Récipiendaire.

I 2

D. Pourquoi vous êtes-vous fait recevoir Compagnon?

R. Pour la Lettre G.

D. Que signifie cette Lettre?

R. La Géométrie, ou la cinquiéme Science.

Si c'est un Maître, à qui l'on demande ce que signifie la Lettre G, *il répond* : Une chose plus grande que vous. *Demande* : Quelle peut être cette chose plus grande que moi qui suis Franc-Maçon, & Maître? *Réponse* : God, qui (*en Anglois*) veut dire, Dieu.

D. Avez-vous travaillé?

R. Oui, du Lundi au matin, jusqu'au Samedi au soir.

D. En quoi consiste le travail d'un Franc-Maçon?

R. A équarrir les pierres, à les polir, à les mettre de niveau, & à tirer une muraille au cordeau.

D. Avec quoi avez-vous travaillé?

R. Avec la Chaux (*ou* le Mortier) la Béche, & la Brique, qui signifient, la Liberté, la Constance & le Zéle.

Il faut être Franc-Maçon, pour sentir la justesse de ces Emblêmes.

D. Avez-vous été payé?

R. Oui, *ou* j'en fuis content.

D. Où?

R. L'Apprentif répond, A la Colonne J. *Le Compagnon,* à la Colonne B. *Le Maître,* à la Chambre intérieure, *ou* à la Chambre du milieu.

D. Où avez-vous travaillé?

R. du M. Dans la Chambre intérieure, *ou* du milieu.

On queſtionne enſuite le Maître (ſi l'on veut) ſur les particularités de ſa Réception, qui ont été décrites.

D. Etes-vous Maître?

R. du M. Examinez-moi, éprouvez-moi, & deſapprouvez-moi, ſi vous pouvez, *ou* l'Acacia m'eſt connu.

D. Quel eſt le premier ſoin d'un Maçon?

R. C'eſt de voir ſi la Loge eſt bien couverte.

C'eſt-à-dire, de ne point parler de la Maçonnerie, ſans s'être aſſuré qu'on n'eſt point entendu des Profanes.

D. Quel âge avez-vous?

I 3

Le but de cette queftion n'eft pas de favoir l'âge du Frére, mais de favoir s'il eft ou Compagnon ou Maître.

R. du Compagnon. Moins de fept ans.

C'eft-à-dire, qu'on n'eft encore que *Compagnon*; parce que, felon l'ancienne Inftitution, il falloit avoir été fept ans dans l'Ordre, avant que de pouvoir être reçu *Maître*; mais on n'**y** regarde pas de fi près.

R. du Maître. Sept ans & plus.

D. Quelle heure eft-il?

R. Si c'eft le matin, on dit : Midi; *l'après-midi*, Midi plein; *le foir*, Minuit; *après-minuit*, Minuit plein.

D. Comment voyagent les Apprentifs & les Compagnons? *ou* d'où venez-vous?

R. De l'Occident vers l'Orient.

C'eft que le Récipiendaire entre par la porte d'Occident, & qu'on le fait avancer en trois tems vers celle d'Orient, où eft le Maître de la Loge : *Voyez ci-deffus page* 49. fur quoi il faut obferver, que l'Auteur du *Secret des Francs-Maçons* a oublié de remarquer que le premier tems, ou le premier pas fe fait de la porte d'Occident à l'Equerre ; le second, de l'Equerre à la Lettre G ; & le troisiéme, de la Lettre G au Compas, toujours les pieds en équerre.

D. Pourquoi?

R. Pour aller chercher la Lumiére.

D. Comment voyagent les Maîtres? *ou* d'où venez-vous?

R. du Maître. De l'Orient vers l'Occident, *ou* de l'Orient, pour aller dans toutes les parties de la Terre.

D. Pourquoi?

R. du Maître. Pour répandre la Lumiére.

D. Si un de vos Fréres étoit perdu, où le trouveriez-vous?

R. Entre l'Equerre & le Compas.

D. Quel est le nom d'un Maçon?

R. du Maître. Gabaon.

Quelques-uns disent *Gabanon*, mais mal.

D. Et celui de son Fils?

R. du Maître. Lufton.

Prononcez *Loufton.* Cette prononciation est cause que quelques-uns, & sur-tout les François, disent & écrivent *Louveteau*, mais c'est une faute.

I 4

D. Quel privilége le Fils d'un Maçon a-t'il en Loge?

R. *du Maître*. D'être reçu avant tout autre, même avant une Tête couronnée.

D. Lorſqu'un Maçon ſe trouve en danger, que doit-il dire & faire pour appeller ſes Fréres à ſon ſecours?

R. Il doit mettre les mains jointes ſur ſa tête, les doigts entrelaſſés, & dire : *A moi, les Enfans* (ou *Fils*) *de la Veuve*.

D. Que ſignifient ces mots?

R. Comme la Femme d'Hiram demeura Veuve, quand ſon Mari eut été maſſacré, les Maçons, qui ſe regardent comme les Deſcendans d'Hiram, s'appellent *Fils* (ou *Enfans*) *de la Veuve*.

D. Quel eſt le *Mot de paſſe* de l'Apprentif?

R. Tubalcain.

D. Celui du Compagnon?

R. Schibboleth.

D. Et celui du Maître?

R. *du Maître.* Giblim.

Ces trois *Mots de paſſe* ne ſont guères en uſage qu'en France & à Francfort ſur le Mein. Ce ſont des eſpéces de *Mots du guet* qu'on a introduits pour s'aſſurer d'autant mieux des Fréres que l'on ne connoit point.

Quelques-uns prétendent que les Maîtres s'entre-demandent auſſi le Mot de Maître, qui eſt *Mak-benak* ; mais ſi cela ſe fait, c'eſt un abus. On évite au contraire, autant qu'il ſe peut, de prononcer ce Mot, parce qu'on le regarde en quelque ſorte comme ſacré. Les ſeules occaſions où on le prononce ſont, la Réception du Maître, qui a été décrite, & lorſqu'on examine un Frére Viſiteur qui eſt entré dans la Loge en s'annonçant comme Maître. *Voyez ci-après les* Remarques.

D. Quelle eſt la peine d'un Profane qui ſe gliſſe dans la Loge?

R. On le met ſous une gouttiére, une pompe, ou une fontaine, juſqu'à ce qu'il ſoit mouillé depuis la tête juſqu'aux pieds.

D. Où tenez-vous le Secret des Francs-Maçons?

R. Dans le Cœur.

D. En avez-vous la Clef?

R. Oui.

D. Où le tenez-vous ?

R. Dans une boëte d'yvoire.

Cette *Clef*, c'eſt la Langue ; & la *boëte d'y-voire*, les Dents.

Queſtions que l'on ajoute à quelques-unes des précédentes, lorſqu'un Franc-Maçon étranger demande à être admis dans une Loge.

D. D'où venez-vous ?

R. De la Loge de Saint-Jean.

On a vu ci-deſſus la raiſon de cette réponſe.

D. Qu'apportez-vous ?

R. Bon accueil au Frére Viſiteur.

On appelle *Fréres Viſiteurs*, les Francs-Maçons qui ne ſont point *Membres* de la Loge où ils ſe préſentent.

D. N'apportez-vous rien de plus ?

R. Le Grand-Maître de la Loge vous ſalue par trois fois trois.

S'il eſt chargé de quelque commiſſion de la part d'une autre Loge, il s'en aquitte après cette Réponſe.

Voilà beaucoup plus de Queſtions qu'on n'en fait jamais à aucun Franc-Maçon ; je doute même qu'il y ait un ſeul Maître qui les ſache toutes. Il pourroit arriver cependant que l'on en fît d'autres ſur les Cérémonies de la Réception, ſur les Deſſeins des Loges, ſur ce qui ſe pratique dans les Aſſemblées, &c. Mais ſi celui que l'on interroge eſt Franc-Maçon, il lui ſera aiſé de ſatisfaire à toutes ces Queſtions ; & s'il ne l'eſt pas, il peut s'inſtruire amplement par le moyen de ce Livre.

SERMENT

Que font les Francs-Maçons à leur pre-
miére Réception, en tenant la main
fur l'Evangile.

FOi de Gentilhomme, * je promets & je m'oblige devant Dieu
& cette honorable Compagnie, de
ne jamais révéler les Secrets des Maçons & de la Maçonnerie, ni d'être
la caufe directe ou indirecte que ledit
Secret foit révélé, gravé, imprimé,
en quelque Langue & en quelque
caractére que ce foit. Je promets
auffi de ne jamais parler de Maçonnerie qu'à un Frere, après un jufte
examen. Je promets tout cela, fous
peine d'avoir la gorge coupée, la langue arrachée, le cœur déchiré, le
tout pour être enfeveli dans les pro-

---

* On a dit ci-deffus, que c'eft le titre que fe
donnent tous les Francs-Maçons, nobles ou non.

fonds abîmes de la Mer; mon corps brûlé & réduit en cendres, & les cendres jettées au vent, afin qu'il n'y ait plus de mémoire de moi parmi les Hommes ni les Maçons.

Voilà quelle est la substance du Serment : le sens en est toujours le même, quoiqu'il puisse y avoir quelque différence dans les termes. Par exemple, dans un Endroit que je ne nommerai point, parce que les Loges y sont interdites, au lieu de dire, je m'oblige devant Dieu, *on dit,* devant le grand Architecte de l'Univers: *ainsi du reste.*

LE CHIFFRE

DES

FRANCS-MAÇONS.

ON voit par la Planche gravée, que ce Chiffre eſt compoſé de deux Figures différentes, dont l'une eſt formée par quatre lignes, qui en ſe coupant à angles droits, forment neuf caſes, ou loges. Il n'y a que la caſe du milieu qui ſoit entiérement fermée; les autres ſont ouvertes, ou d'un côté, ou de deux, & le côté ou les côtés de l'ouverture ſont différens dans toutes.

On écrit dans cette Figure les Lettres de l'Alphabet, deux dans chaque caſe : cela méne juſqu'au *t*.

On trace enſuite la ſeconde Figure, qui n'eſt compoſée que de deux lignes en ſautoir : cela forme quatre

a b		c d		e f	

$$\begin{array}{c|c|c} a\ b & c\ d & e\ f \\ \hline g\ h & i\ l & m\ n \\ \hline o\ p & q\ r & s\ t \end{array}$$

Le Chiffre des Francs-Maçons.

rendu public.

A.

gle
et,
ent.
rit l
Lo
e, o
l'a
nt o
emi
au
deux
de
vec
'on
, de
re q
'il m
café
arré
t un
mets
d'u
enl
me o
e. C

angles, qui se joignent par le sommet, & qui sont tous posés différemment. C'est dans ces angles qu'on écrit les Lettres *u*, *x*, *y*, *z*.

Lorsqu'on veut se servir de ce Chiffre, on trace la Figure de la case, ou de l'angle, qui renferme la Lettre dont on a besoin. Et comme dans la première Figure qui va de l'*a* jusqu'au *t*, les Lettres se trouvent deux à deux dans chaque case, & qu'il s'agit de distinguer la seconde Lettre d'avec la première ; on observe, lorsqu'on veut exprimer la seconde Lettre, de mettre un point dans la Figure qui représente la case. Ainsi lorsqu'il me faut un *i*, qui se trouve dans la case du milieu, je trace une case quarrée, fermée des quatre côtés ; si c'est une *l*, je trace la même case, & je mets un point au milieu ; si j'ai besoin d'un *c*, je trace une case ouverte par enhaut ; & s'il me faut un *d*, la même case, avec un point : ainsi du reste. Ceci n'a lieu que pour les Lettres de la premiére Figure; car pour celles de la seconde, comme elles y font une à une, on ne fait que tracer la figure de l'angle qui les contient.

Après ces éclaircissemens, on comprendra sans peine l'Exemple de la Planche, ou ces mots : *Le Chiffre des Francs-Maçons rendu public*, sont écrits en Chiffre Maçon.

L'Alphabet que l'on voit ici, est fait pour le François qui n'emploie ni le *k*, ni le *w*. Il est facile de l'étendre aux autres Langues, en y ajoutant ces deux Lettres, & même l'*v* consonne; il n'y a qu'à placer trois Lettres dans une ou dans deux cases, & mettre deux points au lieu d'un, lorsqu'on aura besoin de la troisiéme Lettre.

Si Messieurs les Francs-Maçons changent leur Chiffre, comme ils y feront sans doute obligés, pour ne plus exposer leurs Mystéres à la profanation, je puis leur en apprendre un qui est démonstrativement indéchiffrable.

chiffrable. Il a de plus cette propriété
singuliére, que tout le monde peut
en savoir la méthode, & avoir les
mêmes Tables dont il faut se servir,
& que cependant il n'y a que la personne à qui l'on écrit, qui puisse dé-
chiffrer la Lettre.

SIGNES,

ATTOUCHEMENS & MOTS

DES

FRANCS-MAÇONS.

COmme les Signes, les Mots &
les Attouchemens n'ont pas toujours été rapportés dans ce Recueil
avec tout le soin requis, j'ai cru devoir en donner une Description exacte, & en expliquer le véritable usage.
On sera bien-aise d'ailleurs de les trouver ici tous rassemblés, pour n'avoir

K

486

24

pas la peine de les aller chercher en différens endroits du Livre.

Pour les Apprentifs.

Le premier *Signe* que se font les Apprentifs, est le *Guttural*. On porte la main droite au côté gauche du cou, sous le menton. Il faut que la main soit posée horizontalement, les quatre doigts étendus & serrés, & le pouce abaissé, * de façon qu'elle forme une espéce d'équerre : voilà le premier tems. Le second consiste à retirer la main, sur la même ligne, au côté droit de la gorge; & pour le troisiéme, on laisse retomber la main sur la cuisse, en frappant sur la basque de l'habit. Tout cela se doit faire d'un air dégagé, sans trop marquer les trois tems : on ne les distingue ici, que pour faire mieux comprendre le Signe.

* L'Auteur du *Secret des Francs-Maçons* dit que le pouce doit être élevé perpendiculairement; mais il se trompe.

Si celui à qui on fait le Signe, est aussi Franc-Maçon, & qu'il ne soit qu'Apprentif, il répéte le Signe; & s'il est Compagnon ou Maître, il lui est libre de répondre, ou par le Signe *Pectoral*, ou par celui d'Apprentif. Cela fait, le premier s'approche & lui appuie le pouce droit sur la prémiére jointure * de l'*Index* (ou premier doigt) de la main droite. C'est l'*Attouchement*, on l'appelle le Signe *Manuel*. Le second Frére le répéte, avec cette différence, que s'il est Compagnon ou Maître, il appuie son pouce sur la jointure du second doigt de l'Apprentif. Dans la régle, on ne devroit répondre que par le Signe d'Apprentif, parce que celui qui interroge, peut n'être que Frére Servant, & qu'en lui répondant autrement, on court risque de lui découvrir le Signe du Compagnon ou du Maître. Après le Signe, ils épellent ensemble le mot *Jakin*,

* C'est celle qui joint le doigt à la main.

K 2

de la façon qu'on l'a expliqué dans le Catéchifme.

Le *Mot de paſſe* des Apprentifs eſt *Tubalcain*. Ces Mots de paſſe, tant des Apprentifs que des Compagnons & des Maîtres, ne ſont pas d'un uſage général.

Pour les Compagnons.

Le *Signe* du Compagnon conſiſte à porter la main droite ſur la poitrine, à l'endroit du cœur, les quatre doigts étendus & ſerrés, le pouce écarté à peu près en équerre, & le bras éloigné du corps, afin de faire avancer le coude : c'eſt le *Pectoral*. On s'en ſert auſſi en Loge, lorſqu'on a quelque choſe à dire qui concerne l'Ordre, & ſur-tout lorſqu'on s'adreſſe au *Vénérable*.

L'*Attouchement* eſt le même que celui des Apprentifs, avec cette différence, qu'il ſe fait ſur le ſecond doigt.

Le *Mot* eſt *Boaz*, qu'on épelle & qu'on prononce comme *Jakin*.

Le *Mot de passe* est *Schibboleth.*

Pour les Maîtres.

Les Maîtres emploient le même *Signe*, le même *Attouchement* & le même *Mot* que les Compagnons.

Leur *Mot de passe* est *Giblim.*

Il y a pourtant un *Mot*, un *Attouchement* & un *Signe* particuliers aux Maîtres. Le *Mot* est *Mak-benak*; mais il est rare qu'on le fasse prononcer, parce qu'on le regarde comme sacré. On ne s'avise guères non plus d'en venir à l'*Attouchement* de Maître, qui se fait en passant le pouce droit entre le pouce droit & le premier doigt de celui que l'on touche, & en lui embrassant le dedans du poignet avec les quatre autres doigts écartés, & un peu pliés en forme de serre, de façon que le doigt du milieu appuie sur le dedans du poignet : on se joint ensuite corps à corps, & on s'embrasse, comme je l'explique ci-dessous, page 153.

K 3

Le *Signe* de Maître est de faire l'é-
querre avec la main, de la façon qui
a déja été expliquée plusieurs fois;
de l'élever horizontalement à la hauteur de la tête, & d'appuyer le bout
du pouce sur le front, & de la des-
cendre ensuite dans la même position
au-dessous de la poitrine, en mettant
le bout du pouce dans le creux de
l'estomac. Mais ce Signe n'est d'usage
qu'en Loge, & seulement à la Réception des Maîtres. Il n'a pas été
exactement expliqué ci-dessus, page
107. & 108.

Outre ces *Signes*, il y en a encore
un, mais dont on fait peu d'usage
hors des Loges, quoiqu'il serve indifférenment aux Apprentifs, aux
Compagnons & aux Maîtres : c'est
le *Pédestral*. On le fait en mettant les
deux talons l'un contre l'autre, & en
écartant le bout des pieds de façon
qu'ils forment une équerre.

REMARQUES *sur divers Usages de la Maçonnerie.*

I. IL y a des Fréres qui, dans les Lettres qu'ils s'écrivent, mettent une Equerre, un Compas, ou quelque autre Symbole de l'Ordre, au-deſſus, au-deſſous ou à côté de leur Signature. C'eſt ainſi qu'en a uſé l'Auteur de l'Epitre dédicatoire du *Secret des Francs-Maçons*; mais c'eſt un abus introduit par l'ignorance ou par l'oſtentation des Novices. Un Franc-Maçon bien inſtruit, qui écrit à un Frére, ne doit employer que cette formule: *Je vous salue par le nombre ordinaire,* & y joindre trois &c. &c. &c. Ce nombre ordinaire eſt le nombre de *trois.* On ſait que les Francs-Maçons, en Loge & à table, font tout par trois. Mais quand c'eſt une Loge qui écrit à une autre, alors on ajoute quelqu'un des Symboles dont j'ai parlé;

K 4

& de plus on écrit en équerre l'Inscription ou la tête de la Lettre, comme on voit ici le mot de *Monsieur*.

MON
SIEUR

II. Les *Fréres-Servans* ne deviennent non-seulement jamais Maîtres, comme il est dit dans le *Secret des Francs-Maçons*; mais même ils ne peuvent jamais devenir Compagnons.

Dans chaque Loge il y en a toujours un au moins : il est le *Bedeau* de la Loge.

III. Pour être ce qu'on appelle *Membre de Loge*, il faut avoir sa demeure dans le Lieu où la Loge est établie, & fournir aux contributions qui se font tous les mois & tous les jours d'Assemblée. Ceux-là seuls peuvent aspirer aux Dignités. Ordinai-

rement on eſt Membre de la Loge
où l'on a été reçu ; mais on peut
pourtant devenir Membre d'une autre Loge, ſur-tout lorſqu'on change
de Lieu.

IV. Voici l'Examen qu'on fait ſu-
bir à un *Frére Viſiteur* qui s'annonce
à la Loge comme *Maître*. Il frappe
trois coups à la premiére porte, &
lorſqu'on lui a ouvert, il dit : *Je ſuis
Frére & Maître.* Un des Apprentifs
qui fònt la garde à la porte, l'annonce
à la Loge, & auſſi-tôt le Maître de la
Loge envoie un des deux Surveillans pour l'examiner ſur le Catéchiſme, ſur l'Attouchement du poignet,
& ſur ce qu'on appelle *les cinq Points
de la Maîtriſe*, qui ſont de ſe joindre
pied contre pied, genou contre genou, poitrine contre poitrine, joue
contre joue, de ſe paſſer réciproquement le bras gauche par-deſſus l'é-
paule, & de s'appuyer la main gauche en forme de ſerre ſur le dos. (Ce

font les cérémonies qui se pratiquent à la Réception du Maître.) Si le Frére Visiteur satisfait à tout, on l'introduit dans la Loge, & on en fait sortir tous les Apprentifs & les Compagnons, de sorte qu'il n'y reste que des Maîtres. Le Maître de la Loge ordonne alors au même Surveillant de faire répéter à l'Etranger les Attouchemens qu'on lui a fait faire dans l'Anti-chambre : après quoi il lui dit lui-même de prononcer le Mot de Maître. (Ce Mot, comme on sait, est *Mak-benak*, * & se prononce moitié à l'oreille droite, & moitié à la gauche. Dans la régle, on ne le prononce jamais que dans cette occasion, & à la Réception d'un Maître.) Cela fait, le Maître étranger est reconnu pour tel, & traité avec toute la cordialité possible.

V. La maniére dont les Francs-

---

* C'est ainsi qu'il faut l'*épeller*, & non pas avec deux *c*.

Maçons affiftent leurs Pauvres, mérite d'être rapportée. Ils ne font aucune différence à cet égard entre les
Etrangers, & ceux de la Ville même.
Il n'eft pas néceffaire non plus que
les premiers aient des Lettres de re-
commandation, ou qu'ils foient connus; il fuffit qu'ils foient en état de
foutenir l'Examen. Si c'eft un Etranger, il fe préfente à la Loge, &
frappe trois coups à la premiére porte
de la même maniére que cela fe pratique pour la Réception d'un Apprentif. Les deux derniers Apprentifs * qui fe tiennent à la porte l'épée
à la main, luî ouvrent & luî deman-
dent, *qui il eft, & ce qu'il veut*. Il répond : *Je fuis Frére, & je veux entrer.*
On l'introduit dans l'Anti-chambre,
& l'un des deux Apprentifs fe détache
pour aller dire au Maître de la Loge
qu'il eft arrivé un Etranger. Sur ce-

* Il y a des Loges où la première porte eft
gardée par deux Fréres-Servans, & la feconde
par deux Apprentifs.

la, le Maître ordonne à l'un des Surveillans de fuivre l'ufage de l'Ordre,
qui confifte dans un rigoureux Examen fur les Signes, les Attouchemens, les Mots & le Catéchifme.
Quand le Surveillant eft bien con-
vaincu que celui qui fe préfente eft
un Frére, il le méne dans la chambre de l'Affemblée, où il eft reçu
avec diftinction & avec amitié. Alors
l'Etranger expofe fes befoins, & demande quelque fecours, en s'adreffant, non au Maître feul, mais à toute
la Compagnie ; & auffi-tôt le Maître
ordonne au Tréforier de lui donner
la fomme fixée par les Statuts, qui
peut aller à quatre ou cinq ducats,
& qui fe tire de la Caiffe commune.
Cette Caiffe s'appelle *la Caiffe des Pauvres*. On y met en réferve, pour de
pareilles aumônes, l'argent que les
Récipiendaires donnent le jour de
leur entrée. Si la fomme dont j'ai
parlé ne fuffit point à l'Etranger, il
prie la Loge de lui en accorder da-

vantage, & alors le Maître fait faire en fa préfence une quête dans l'Affemblée.

Dans les Endroits où les Loges ne font pas publiques, il faut qu'un Etranger qui fe trouve dans le befoin, tâche par le moyen des Signes de découvrir quelque Frére. Lorfqu'il en a trouvé un, celui-ci eft obligé de lui enfeigner la maifon du Grand-Maître. L'Etranger s'y rend, & après avoir fubi l'Examen, le Maître envoie le Bedeau de la Loge faire une collecte chez tous les Fréres, & remet à l'Etranger l'argent qui a été recueilli.

Cette obligation d'exercer la charité eft une des Maximes fondamentales de l'Ordre dont on jure l'obfervation, & qu'on a foin de répéter toutes les fois que l'on tient Loge. Elle eft cependant affez mal obfervée, s'il en faut croire certains Francs-Maçons. J'en connois même qui m'ont dit avoir trouvé des Fréres, qui pour

ne pas être obligés de mettre la main
à la bourſe, feignoient de n'être point
de la Société. Je ſuis perſuadé que
ceux qui me parloient ainſi, avoient
leurs raiſons; mais je ne doute pas
que les autres n'euſſent auſſi les leurs,
& je les trouverois fort à plaindre
d'être obligés de nourrir tous les fai-
néans que le bruit de leur charité at-
tire dans l'Ordre.

VI. Le Titre de *Maître de Loge* &
celui de *Grand-Maître*, ſe confondent,
fort ſouvent lorſqu'on parle d'une
Loge aſſemblée. Cela vient de ce
qu'il y a pluſieurs *Maîtres* dans une
Loge, & que pour les diſtinguer de
celui qui préſide, on nomme quelquefois celui-ci le *Grand-Maître*, dont
effectivement il repréſente la perſonne; mais cela n'empêche pas qu'on ne
s'entende. Tout le monde ſait qu'il n'y
a qu'un *Grand-Maître* pour chaque
Pays, & que les Chefs des Loges particuliéres ne ſont que *Maîtres de Loge*.

VII. Ce qu'on appelle proprement *la Loge*, c'est-à-dire, les figures crayonnées fur le plancher les jours de Réception, doit être *crayonné* à la lettre, & non pas peint fur une toile que l'on garde exprès pour ces jours-là dans quelques Loges : cela eft contre la Régle.

A propos de ces figures, je remarquerai que quelques-uns mettent un *Globe*, au lieu de la *Sphére* que j'ai fait repréfenter dans le *Véritable Plan de la Loge des Apprentifs*. Il eft rare même que d'un Pays ou d'une Ville à l'autre, il n'y ait quelque petite différence dans le choix ou dans l'arrangement de ces Symboles ; mais les Deffeins que j'ai fait graver, font les plus conformes à l'ancien Inftitut.

Fin du Supplément.

LE

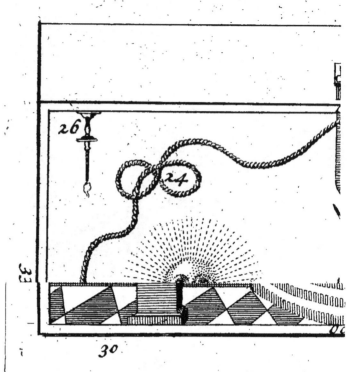

Véritable Plan de la Loge de R...

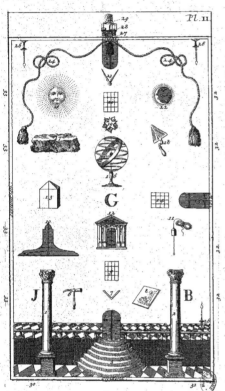

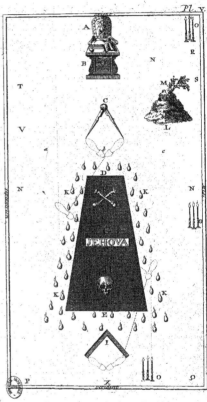

Véritable Plan de la Loge de Réception d'un Apprentif-Compagnon.

1. La Colonne Jakin.
2. La Colonne Boaz.
3. Les sept marches pour monter au Temple.
4. Le Pavé Mosaïque.
5. Porte d'Occident.
6. Le Marteau.
7. L'Equerre.
8. La Planche à tracer.
9. Fenêtre d'Occident.
10. Le Niveau.
11. La Ligne perpendiculaire, le Plomb, ou l'à plomb.
12. Portail de la Chambre intérieure.
13. La Pierre cubique taillée en pointe.
14. Fenêtre du Midi.
15. Porte du Midi.
16. La Sphère.
17. La Pierre brute.
18. La Truelle.
19. L'Etoile flamboyante.
20. Fenêtre d'Orient.
21. Le Soleil.
22. La Lune.
23. Le Compas.
24. La Houpe dentelée.
25. Porte d'Orient.
26. 26. 26. Les trois Lumières.
27. Tabouret.
28. Table.
29. Fauteuil du Gr. Maître.
30. Place du premier Surveillant.
31. Place du second Surveillant.
32. 32. 32. Place des Maîtres.
33. 33. 33. Place des Apprentifs-Compagnons, excepté le dernier-reçu.

Véritable Plan de la Loge de Réception d'un Maître.

A. Fauteuil du Gr. Maître.
B. Espèce d'Autel, sur lequel il y a une Bible & un Maillet.
C. Compas.
D. E. Cercueil.
F. Os en sautoir.
G. Ancien Mot de Maître.
H. Tête de Mort.
I. Equerre.
K. K. K. K. Larmes.
L. Montagne.
M. Branche d'Acacia.
N. N. N. Les trois Frères qui tiennent un rouleau de papier.
O. O. O. Les neuf Lumières, placées trois à trois.
P. Premier Surveillant.
Q. Second Surveillant.
R. L'Orateur.
S. Les Frères Visiteurs.
T. Le Sécrétaire.
V. Le Trésorier.
X. Le Récipiendaire.

NB. Quelques Francs-Maçons prétendent qu'aux endroits marqués ici par les trois petites Lettres *a*, *b*, *c*, on doit représenter le Soleil, l'Etoile flamboyante & la Lune. Mais quoique cet usage s'observe constamment dans les Loges d'Apprentif & de Compagnon, il n'en est pas de même dans les Loges de Maître.

icepla

de fre
ire. le
re c ur
poin
e du
lu M
ére.
rre bre
uelle.
le fla
e d'(s-l
eil. ', &
ne. juc
mpa m
upe

LE
SECRET
DES MOPSES
RÉVÉLÉ.

L.

lui
our
ire
e. A
éja
is 1
rog
ns
as l-
s pa

LE
SECRET
DES MOPSES
RÉVÉLÉ.

Uoique l'Ordre des *Mopses* ne foit ni auffi ancien, ni auffi étendu, à beaucoup près, que celui des Francs-Maçons, il ne laiffe pourtant pas d'être confidérable, & de faire beaucoup de bruit dans le Monde. A peine forti du berceau, on le voit déja s'étendre hors du Pays où il a pris naiffance ; & s'il faut juger de fes progrès à venir, par ceux qu'il a faits dans un fi court efpace, il ne tardera pas long-tems à s'établir dans toutes les parties de l'Europe.

Cet Ordre doit fon origine à un fcrupule de confcience. Clément XII. ayant excommunié les Francs-Maçons en 1736. beaucoup de Catholiques Allemands, épouvantés par la Bulle Papale, renoncerent au deffein d'entrer dans leur Société. Mais ne pouvant fe réfoudre à fe voir privés des douceurs qu'ils s'étoient flattés d'y trouver, ils formerent le projet d'en établir une autre, qui, fans les expofer aux cenfures du Vatican, leur procurât les mêmes agrémens que la premiére. Il faut convenir même, qu'à ce dernier égard, ils ont beaucoup renchéri fur leur modéle, comme je le ferai voir bientôt. Ils trouverent un protecteur dans la perfonne d'un des plus auguftes Souverains du Corps Germanique, & prirent pour Grand-Maître un des plus puiffans Seigneurs d'Allemagne. On peut dire que le choix de leurs Membres répond parfaitement à celui qu'ils ont fait de ces deux illuftres Chefs, s'il

en faut juger par une de leurs Loges
où je me fuis trouvé à Francfort, qui
étoit compofée de perfonnes de la
premiére diftinction.

A l'imitation des Francs-Maçons,
ils dreſſerent des Statuts, inventerent
un Mot & des Signes pour fe reconnoître, établirent des Cérémonies
pour la Table & pour les Réceptions,
& nommerent des Officiers. Cela fait,
ils fongerent à prendre un Symbole,
& à fe donner un Nom; & comme
la Fidélité & l'Attachement qu'ils fe
vouent, fait l'effentiel de leur Société,
ils prirent pour Emblême le Chien,
& fe donnerent le nom de *Mops*, qui
en Allemand fignifie un Doguin. Leur
Inftituteur avoit apparenment quelque prédilection pour cette forte de
Chiens : fans cela, il eût été pour le
moins auffi naturel de choifir le Bar-
bet, qui, de toute l'Efpéce Canine,
paffe pour le plus fidéle. Je détail-
lerai leurs Régles & leurs Cérémonies, à mefure que l'occafion fe pré-

fentera d'en parler : cela me coutera moins qu'un ordre méthodique, & plaira peut-être davantage.

Tous les Membres doivent être Catholiques Romains, fans doute pour ne point effaroucher la Cour de Rome; mais ils fe font extrêmement relâchés fur cet article, dont ils promettent cependant l'obfervation. Ils ont cru apparenment, que pour fe mettre à couvert de l'Excommunication, il fuffifoit de ne point exiger de Serment; car c'eft principalement par-là que les Francs-Maçons ont attiré la foudre fur leur tête. Les Mopfes ont profité de cet exemple, ils fe contentent de faire promettre au Récipiendaire, fur fa parole d'honneur, qu'il ne révélera point les Secrets de la Société.

Une autre raifon de politique les a portés à rejetter encore un des articles fondamentaux de la Maçonnerie; c'eft celui de l'exclufion des Femmes. On fait les clameurs dont elles ont rempli toute l'Europe contre les Francs-Maçons. Les Mopſes ont craint, avec raiſon, de s'attirer des ennemis ſi formidables. L'intérêt de leurs plaiſirs s'eſt joint à celui de leur réputation : ils ont compris que les douceurs qu'ils ſe flattoient de gouter dans leurs Aſſemblées, ſeroient toujours inſipides, s'ils ne les partageoient avec ce Sexe enchanteur. Ils les ont même admiſes à toutes les Dignités, excepté celle de Grand-Maître, dont la Charge eſt à vie ; de ſorte que dans chaque Loge il y a deux *Maîtres de Loge* ou *Grands-Mopſes*, dont l'un eſt un Homme & l'autre une Femme ; & ainſi de tous les autres Officiers, qui ſont, les *Surveillans*, les *Orateurs*, les *Sécrétaires* & les *Tréſoriers*. * La Loge eſt gou-

---

* On change les Officiers tous les ſix mois, depuis le Grand-Mopſe juſqu'à ceux du plus bas rang, & on élit toujours un Homme & une Femme pour chaque Dignité. Il faut que l'Election ſoit unanime. Tous ceux qui ont été revêtus de quelque Charge, en conſervent le Titre, quoiqu'ils n'exercent plus.

L 4

vernée six mois par un Homme, &
six mois par une Femme; & lorsqu'on
reçoit une Femme ou une Fille, c'est
toujours la Grand'-Mopse, la Sur-
veillante & les autres Officiéres qui
font les fonctions de la Réception.
Voici les Cérémonies qu'on y observe.

Le Postulant s'adresse à un des
Membres, qui le propose en pleine
Assemblée, en articulant son nom, sa
qualité & ses mœurs. On va aux voix,
& s'il lui en manque seulement une,
il est exclus; car l'unanimité est ab-
solument requise. Mais il faut que
l'Opposant produise les raisons de son
refus, & c'est au *Proposant* à lui répondre. S'ils ne peuvent point s'accorder, soit pour l'admission ou pour
l'exclusion, le Grand-Maître leur impose silence, & ordonne aux deux
Surveillans d'examiner le cas & d'en
faire leur rapport à l'Assemblée, qui
décide en dernier ressort.

Le jour fixé pour la Réception, le

Grand-Maître a soin de faire avertir
tous les Membres de la Loge par un
Billet cacheté, qui leur est porté par
le Bedeau, qu'on appelle *Frére-Ser-*
vant. Les Billets de convocation pour
les Assemblées ordinaires, où il n'est
question que de se divertir, sont
conçus en ces termes : NOUS, *par*
l'élection unanime des nobles Fréres,
Grand-Maître de la Société des Mopses,
ordonnons à.... très-digne Membre de
ladite Société, de se rendre aujourd'hui
à la Loge, à l'heure ordinaire de l'après-
dinée, sous les peines établies par nos
Constitutions. Et les jours de Réception, on ajoute au bas : *Il y aura Ré-*
ception. Tout le monde s'empresse
d'obéir à cet ordre, & à moins de maladie, ou de quelque affaire de la derniére conséquence, il n'y a personne
qui s'en exempte. Il faut même que
la maladie soit considérable; & pour
les affaires, je leur en ai vu négli-
ger quelquefois d'assez importantes,
pour le plaisir de se trouver ensem-

ble. Cela ne furprendra point quand on aura vu ce qui fe paffe dans leurs Affemblées.

Auffi-tôt que l'heure fonne, le Grand-Maître ordonne aux Surveillans de voir s'il manque quelque Frére, & met à l'amende ceux qui ne s'y trouvent pas : cette amende augmente d'un quart d'heure à l'autre, pendant les trois heures que l'on tient Loge. La faute qui les y fait condamner, fe nomme *Négligence* : ainfi le *Négligent* qui vient, par exemple, trois quarts d'heure trop tard, paie *trois points de Négligence.* La revue faite, le Grand-Maître met l'épée à la main, & donne à connoître par-là que la Loge commence. Il fait quelques queftions aux Surveillans, fur le Catéchifme que je donnerai dans la fuite ; après quoi il envoie un des Fréres avertir le Récipiendaire de fe préfenter. Il faut obferver que tandis qu'on fait la revue dont j'ai parlé, & qu'on répéte une partie du Catéchifme, le Réci-

piendaire eſt dans une autre chambre
avec quelqu'un des Mopſes, qui l'examine ſur ſa vocation, lui explique les
Statuts & les Obligations de l'Ordre,
& lui dit de ſe préparer à quelque
choſe de ſérieux & dont il ſera ſurpris. On l'entretient de pareils diſcours juſqu'à l'arrivée du Frére qui
le vient prendre. Celui-ci lui demande : *S'il eſt bien réſolu d'entrer dans la
Société.* Il répond qu'*oui* : ſur quoi
on lui bande les yeux, après lui en
avoir demandé la permiſſion, & on
le conduit à la porte de la Loge.

Avant que d'aller plus loin, je ne
dois pas oublier d'avertir que les Cérémonies de la Réception, telles que
je les décris, ſont celles qui s'obſervent le plus communément. Je ſais
qu'il y a des Loges où ces Cérémonies différent dans quelques circonſtances, & je ne négligerai pas de les
remarquer en paſſant, afin que les
Mopſes reçus en France, en Angleterre, ou en Hollande, ne m'accuſent

point d'imposture , d'inexactitude, ou d'omission. La Réception que je donne ici, est parfaitement conforme à ce que j'ai vu pratiquer à Francfort en présence du Grand-Maître , que l'on doit supposer mieux instruit, & plus attentif à faire observer toutes les menues formalités, que ceux qui font éloignés de la source. Reprenons notre Récipiendaire à la porte de la Loge, où nous l'avons laissé.

Lorsqu'il en est tout près , son Guide l'abandonne, & s'avance pour la faire ouvrir. Quelques-uns prétendent qu'il y frappe avec la main, d'autres avec le pied ; mais on se trompe : un bon Mopse n'oublie jamais le nom qu'il porte. Il se contente donc de gratter, comme font les Chiens : cela se fait trois fois, & comme on ne lui ouvre point, il recommence à gratter de plus belle, & de toute sa force, & se met à hurler en vrai Doguin. On lui ouvre enfin, & il entre. Aussi-tôt on voit sortir de la Loge un Frére, qu'on nomme le *Fidéle*: celui-ci met aux mains du Récipiendaire, non une Epée, comme font les Francs-Maçons, mais une Chaîne, emblême de la fervitude du Chien à l'égard de l'Homme : il lui attache au cou un Colier de cuivre, le prend par la main droite, & l'ayant mené dans la Loge, lui fait faire neuf fois le tour d'un Efpace crayonné dont je parlerai tout-à-l'heure, & à l'entour duquel les Fréres fe tiennent debout. N'oublions pas de dire que la porte eft gardée par les deux derniers-reçus des Mopfes, qui ont l'épée à la main, pour écarter tous ceux qui ne font pas de l'Ordre.

Tandis que l'on proméne ainfi le futur Mopfe, les autres ont à la main un bâton, une épée, une chaîne ou autre chofe femblable, avec quoi ils font un bruit horrible. Ce carillon fert d'accompagnement à je ne fais combien de voix difcordantes, qui crient d'un ton lugubre : *Memento*

mori, memento mori, c'eſt-à-dire, *ſon-
gez qu'il faut mourir.* Tout cela ſe
fait pour épouvanter le pauvre Novice, & mettre ſa fermeté à l'épreuve : & s'il eſt vrai qu'il faut n'avoir
pas grand courage, pour s'effrayer
tout de bon de ce fracas, il n'eſt pas
moins vrai qu'il faudroit être tout-à-
fait inſenſible, pour ne pas ſentir au
moins quelque émotion. On juge bien
que ce ſont les Femmes, qui en général témoignent le plus de foibleſſe.
J'en ai vu une, dans la même Loge
de Francfort, qui fut ſaiſie d'un ſi fu-
rieux tremblement, qu'on fut obligé
de l'emporter ſur les bras ; & les Mopſes furent ſi ſcrupuleux obſervateurs
de leurs Régles, qu'ils ne voulurent
jamais lui débander les yeux, que
lorſqu'elle fut hors de la Loge. Mais
il faut convenir qu'il y a beaucoup
d'Hommes qui ſe montrent Femmes
dans cette occaſion : on en voit à qui
les genoux tremblent ſi fort, qu'ils
ont de la peine à ſe ſoutenir ; d'autres

suent à grosses gouttes ; quelques-
uns même tombent évanouis entre les
bras de leur Conducteur. Tout cela
forme un spectacle ravissant pour l'Assemblée ; les cris deviennent moins lu-
gubres, & sont entremêlés de grands
éclats de rire, la gravité même du
Grand-Maître en est dérangée.

Le dernier tour achevé, le Récipiendaire se trouve vis-à-vis du
Grand-Maître, qui, d'un ton d'autorité, demande au premier Surveillant, *ce que signifie le bruit qu'il vient
d'entendre.* Le Surveillant répond :
*C'est qu'il est entré ici un Chien qui n'est
point Mopse, & que les Mopses le veulent mordre.* Le Gr. M. *Demandez-
lui ce qu'il veut.* Le Surv. *Il veut
devenir Mopse.* Le Gr. M. *Comment
se peut faire cette métamorphose ?* Le
Surv. *En se joignant à nous.* Le Gr. M.
Y est-il bien résolu ? Le Surv. *Oui,
Grand-Mopse.* Le Gr. M. *Demandez-
lui s'il sera obéissant à tous les Statuts
de la Société.* Le Surv. *Oui, Grand-*

Mopſe. Le Gr. M. *Eſt-ce la curioſité qui le porte à y entrer?* Le Surv. *Non, Grand-Mopſe.* Le Gr. M. *Eſt-ce quelque vue d'intérêt ?* Le Surv. *Non, Grand-Mopſe.* Le Gr. M. *Quel eſt donc ſon motif?* Le Surv. *L'avantage d'être uni à un Corps, dont les Membres ſont infiniment eſtimables.* Le Gr. M. *Demandez-lui s'il a peur du Diable.* Le Surveillant répéte la queſtion au Récipiendaire, qui répond *oui,* ou *non,* comme bon lui ſemble, cela ne fait rien à l'affaire. Le Maître reprend la parole, & dit au Surveillant : *Voyez s'il a ce qu'il faut avoir pour être Mopſe.* Alors le Surveillant dit au Récipiendaire, *de tirer la langue autant qu'il lui ſera poſſible.* S'il refuſe, on le reconduit hors de la Loge, & il n'eſt pas reçu. S'il obéit, le Surveillant lui prend la langue avec les doigts, & l'examine de tous les côtés, à peu près comme s'il vouloit langueyer un Cochon. Pendant cet Examen, deux Fréres s'approchent,

&

& faisant semblant de parler bas pour ne pas être entendus, l'un dit à l'autre : *Il est trop chaud, il est trop chaud, laissez-le un peu refroidir.* Celui-ci répond : *Il est bien comme cela, croyez-moi, il n'est pas trop chaud ; il faut qu'il puisse faire la marque.* Le malheureux Novice, qui n'a pas perdu un mot de ce dialogue, frémit d'horreur à ces dernières paroles. J'en ai vu qui jettant un cri d'effroi, sautoient brusquement en arriére, & portoient la main à la bouche, comme si on les eût réellement touchés d'un fer brûlant. Je crois même qu'il y en a peu qui eussent assez de constance pour se résoudre à pousser la Cérémonie jusqu'au bout, si les nouveaux éclats de rire, & les railleries dont on les accable, ne leur faisoient comprendre qu'on ne les a menés là que pour leur faire jouer le premier rôle dans une farce des plus comiques.

Quand on les voit un peu rassurés, le Surveillant dit au Maître : *Grand-*

M

Mopſe, il a tout ce qu'il faut avoir pour étre Mopſe. Je m'en réjouis, répond le Grand-Maître; *mais demandez-lui encore une fois, ſi ſa réſolution eſt bien ferme, & s'il ſe ſent à l'épreuve de tout.* Le Surveillant répond : *Oui, Grand-Mopſe.* Le Gr. M. *Demandez-lui, s'il eſt diſpoſé à ſe dépouiller des biens de la fortune, pour enrichir la Société.* Le Surv. *Lorſqu'il verra un Frére dans le beſoin, il ſe fera un plaiſir ſenſible de le ſecourir.* Le Gr. M. *Demandez-lui, ſi ſon obéiſſance ſera prompte, aveugle, & ſans la moindre contradiction.* Le Surv. *Oui, Grand-Mopſe.* Le Gr. M. *Demandez-lui, s'il veut baiſer les Fréres.* Le Surv. *Oui, Grand-Mopſe.* Le Gr. M. *Demandez-lui s'il veut baiſer...* Je m'arrête ici pour faire ſouvenir le Lecteur que ce n'eſt pas moi qui parle, mais le Grand-Maître d'un Ordre illuſtre, ou tout au moins un Maître de Loge, & qu'il ne m'eſt point permis de changer des termes conſacrés. Le Grand-Maître continue donc ainſi : *Demandez-lui s'il veut baiſer le cul du Mopſe, ou celui du Grand-Maître.* On prétend que dans quelques Loges il ajoute, *ou celui du Diable* ; mais je n'en veux rien croire. Un mouvement d'indignation, que le Récipiendaire manque rarement de faire dans ce moment, oblige le Surveillant à le prier avec toute la politeſſe & toutes les inſtances poſſibles, de choiſir l'un ou l'autre. Cela forme entre eux la diſpute la plus originale qu'on puiſſe imaginer. Le Récipiendaire ſe plaint avec aigreur, qu'on pouſſe la raillerie trop loin, & déclare qu'il ne prétend point être venu là pour ſervir de jouet à la Compagnie. Le Surveillant, après avoir inutilement épuiſé ſa rhétorique, va prendre un Doguin de cire, d'étoffe, ou de quelque autre matiére ſemblable, qui a la queue retrouſſée, comme la portent tous les Chiens de cette eſpéce ; il l'applique ſur la bouche du Récipiendaire, & le lui fait ainſi

baiſer par force. Le Doguin deſtiné
à recevoir ce reſpectueux hommage,
eſt toujours placé ſur la table du Maître de la Loge, comme un Symbole
de la Société ; & c'eſt là que le Surveillant le va prendre. On met encore ſur la même table une Epée &
une Toilette, dont je dirai l'uſage
dans un moment.

Cette grande affaire terminée, le
Maître dit au Surveillant : *Amenez-
moi le Récipiendaire.* Auſſi-tôt le Surveillant lui ôte la Chaîne qu'on lui
avoit miſe aux mains, la lui attache
au Colier, & le tire ainſi juſqu'à la
table derriére laquelle eſt aſſis le Maître. Celui-ci prend alors la main du
Récipiendaire, & la lui fait mettre
ſur l'Epée, ſi c'eſt un Homme, & ſur
la Toilette, ſi c'eſt une Femme ; après
quoi il lui dit : *Répêtez mot pour mot
ce que je vais dire.* " *Je promets à cette*
„ *illuſtre Aſſemblée, & à toute la So-*
„ *ciété des Mopſes, d'obſerver exacte-*
„ *ment leurs Loix & leurs Statuts, &*

Pl. VII

,, de ne découvrir jamais, ni de vive
,, voix, ni par figne, ni par écrit, leurs
,, Secrets & leurs Myftéres. Je m'en-
,, gage fur mon honneur, à tenir la pro-
,, meffe que je viens de faire : en forte
,, que fi je la viole, je confens à paffer
,, pour un mal-honnête homme (une
,, mal-honnête femme) à être montré
,, (montrée) au doigt dans les Compa-
,, gnies, & à ne pouvoir jamais préten-
,, dre au cœur d'aucune Dame (à n'être
,, eftimée ni belle, ni fpirituelle, ni digne
,, d'être aimée d'aucun Homme, & à
,, renoncer à tous les agrémens que les
,, Femmes tirent de leur Toilette.)

Après cette promeffe, le Grand-
Maître demande au Récipiendaire,
s'il veut voir la lumiére, & celui-ci
ayant repondu qu'oui, le Surveillant
lui ôte le bandeau. Il y a des Loges
où l'on a pratiqué devant la table du
Maître une trape, qui fe léve & s'a-
baiffe infenfiblement par le moyen de
quelque machine. On place le Récipiendaire fur cette trape, on l'éléve

M 3

jufqu'à une certaine hauteur, fans
qu'il s'en apperçoive, & c'eft dans
cette fituation qu'on lui débande les
yeux. Mais ce n'eft point là l'ufage
ordinaire. Ce qui fe pratique conftanment, dans le moment qu'on rend
au nouveau Mopfe l'ufage de fes
yeux, c'eft de fe ranger en cercle autour de lui : les hommes lui préfentent au vifage la pointe de leurs épées,
& tiennent un Mopfe d'étoffe de l'autre main ; & les Femmes ont à la main
une piéce de leur Toilette, & un
Mopfe auffi fous le bras. Le Grand-
Maître fait paffer alors le Récipiendaire à fa droite, & lui dit : *Que toutes les Cérémonies qu'on vient de faire,
ne font que des préliminaires établis
pour fervir d'introduction dans la Société, & qu'il va maintenant lui apprendre les Signes & le Mot qui diftinguent les Mopfes.*

Le *premier Signe* fe fait en appuyant avec force le doigt du milieu
fur le bout du nez, les deux autres

doigts fur les deux coins de la bouche, le pouce fous le menton, le petit doigt étendu & écarté, & en faifant
fortir le bout de la langue par le côté
droit de la bouche. On ne peut rien
imaginer de plus comique, qu'une
Affemblée d'Hommes & de Femmes
qui s'exercent à faire ce Signe. Qu'on
fe repréfente le contrafte que doivent
faire une douzaine de Coquettes, em-
barraffées à trouver des graces dans
une attitude toute propre à défigurer
leurs traits, & autant d'Hommes qui
s'étudient à fe rendre auffi hideux
qu'il eft poffible. Je connois cependant une Dame de la Société, qui
m'a dit en confidence qu'elles avoient
formé entre elles un Confeil de Toilette, ou elles délibérent très-férieu-
fement fur les moyens d'adoucir ce
Signe bizarre, qu'elles ont même établi un Prix pour celle qui réuffira le
mieux, & qu'elles ne défefpérent pas
de rendre ce Signe auffi avantageux
qu'il a paru jufqu'à préfent ridicule.

M 4

Je l'ai décrit de la façon dont il se fait dans les Loges les mieux réglées. Il y en a qui prétendent que ce n'est point le pouce, mais le petit doigt, qu'il faut mettre sous le menton. Quelques-uns font sortir la langue par le côté gauche de la bouche, d'autres la tirent alternativement des deux côtés ; enfin, il s'en trouve qui partagent le Signe en deux, & qui en font deux Signes distincts, dont l'un consiste dans la position des doigts, & l'autre dans l'action de tirer la langue.

Le *second Signe* est de porter la main droite toute ouverte sur l'endroit du cœur, mais sans faire l'équerre, comme les Francs-Maçons.

Au reste, il y a une différence essentielle entre ces deux Signes. Le premier est la marque distinctive de la Société, au lieu que l'autre n'est que de pure cérémonie, & un simple usage qui s'est établi peu à peu ; de sorte qu'un Mopse qui ne se serviroit jamais du second, ne laisseroit pas d'être reconnu pour Frére, pourvu qu'il s'aquittât bien du premier.

A l'égard du *Mot*, les opinions font partagées; les uns foutiennent qu'il y en a un, & les autres prétendent que non. Il ne m'appartient pas de décider une queftion de cette importance, d'autant plus que toutes les Loges où j'ai été, & celle même de Francfort, conviennent que la chofe eft douteufe. Ceux qui font pour l'affirmative, difent que le Mot eft *Mur* : on le prononce *Mour*, à l'Allemande; mais on ne l'*épelle* point, comme parmi les Francs-Maçons.

Après l'explication des Signes & du Mot, le Grand-Maître ordonne au nouveau Membre de les répéter avec quelque Frére ou quelque Sœur; après quoi il lui fait embraffer toute l'Affemblée, qu'il a foin d'avertir auparavant à haute voix, de fe ranger en cercle pour cette cérémonie. Le nouveau-reçu baife les Hommes à l'endroit du vifage qu'il lui plait;

mais il ne lui eſt permis de baiſer les
Femmes qu'à la joue. Il va ſe placer
enſuite où bon lui ſemble. L'Orateur
prend alors la parole, après en avoir
reçu l'ordre du Grand-Maître; & dans
un Diſcours étudié, qui ne doit pas
durer plus d'un quart d'heure, il lui
expoſe les Devoirs & les Régles de
la Société, & lui explique les figures
qui ſont crayonnées ſur le Parquet;
il lui apprend que toutes les Loix
des Mopſes n'ont pour but que la
Fidélité, la Confiance, la Diſcrétion,
la Conſtance, la Tendreſſe, la Douceur, l'Humanité; en un mot, toutes
les qualités qui font la baſe de l'A-
mour & de l'Amitié, & celles qui
forment ce qu'on appelle la Sociabilité. Delà il prend occaſion de relever
les bonnes qualités du Mopſe ou du
Doguin; il inſiſte principalement ſur
celles qui le rendent aimable, & con-
clut en faiſant voir, que ſi le ſeul
inſtinct eſt capable de produire de
pareilles choſes dans un Chien, la

*Pl.*VIII

Pl. VIII

Plan de la Loge des Mopſes.

a. Orient.
b. Midi.
c. Occident.
d. Septentrion.
e. e. e. e. Les quatre Lumiéres.
f. Mopſe, ou Doguin.
g. Fidélité.
b. Amitié.
i. Porte qui conduit au Palais de l'Amour.
k. Palais de l'Amour.
l. Cheminée de l'Eternité.
m. Sincérité.
n. Conſtance.
o. o. o. o. Cœurs ſemés.

p. p. Cordon du Plaiſir qui lie les Cœurs.
q. Vaſe de la Raiſon.
r. r. r. r. Divers Symboles de l'Amitié.
s. Maître de la Loge, ou Grand-Mopſe, aſſis devant la Table.
t. t. Surveillans.
u. Etrangers & Etrangéres.
x. Officiers & Officiéres.
y. y. y. y. Fréres & Sœurs placés indifférenment.
z. Trape que l'on pratique dans quelques Loges, & ſur laquelle on place le Récipiendaire, pour l'élever en l'air, tandis qu'il a les yeux bandés.

aiſo
age
Ic
ſt fi
u P
Dans
a ſa
Cerc
eur
e ce
re :
era
e ne
ne l
on
inau
ne u
Orie
ui n
he,
Am
incé
eſſus
ent.
u Pa

raifon doit en faire infiniment davantage dans l'Homme.

Ici finit l'éloquente Harangue. Elle
eft fuivie de l'explication des figures
du Plancher, dont voici le Deſſein.
Dans un grand efpace au milieu de
la fale, on trace l'un fur l'autre un
Cercle & un Quarré, de même grandeur, autant que le peu de rapport
de ces deux figures le peut permet-
tre : la Planche que j'ai fait graver
fera mieux comprendre la chofe que
je ne pourrois l'expliquer. On place
une bougie à chaque coin du Quarré,
& on y marque les quatre Points cardinaux. Au centre du Cercle on deſ-
fine un Doguin, la tête tournée vers
l'Orient ; à ſa droite, une Colonne
qui marque la *Fidélité* ; & à ſa gauche, une autre Colonne qui défigne
l'*Amitié* : la premiére a pour baſe la
Sincérité, & l'autre la *Conſtance*. Au-
deſſus du Mopfe en tirant vers l'O-
rient, on voit une Porte qui conduit
au Palais de l'*Amour* : la Cheminée

de ce Palais s'appelle l'*Eternité*. Le pavé fur lequel font pofées les deux Colonnes, eft femé de cœurs, la plupart liés enfemble par le Lien où le Cordon du *Plaifir*, qui prend naiffance dans le Vafe de la *Raifon*. Le refte de l'efpace eft rempli de Symboles de l'Amitié, qu'on eft le maître de varier comme on veut. On peut voir dans le Plan gravé comment font placés le Maître de la Loge, le Récipiendaire & les autres Mopfes : j'en ai dit affez pour faire entendre ce que c'eft que la *Loge*.

Auffi-tôt que l'Orateur a achevé d'en donner l'explication au Récipiendaire, on lave le Plancher, & ceci me donne occafion de faire une remarque, pareille à celle que j'ai faite fur les *Loges* des Francs-Maçons. C'eft qu'il faut abfolument que les figures foient crayonnées. Ceux qui les font peindre fur une toile, pour l'étendre fur le Parquet les jours de Réception, péchent contre les Régles de l'Institut. Quand il ne reste plus de traces de la Loge, le Bedeau, accompagné des autres Fréres-Servans, apporte une table & met le couvert dans la chambre même de Réception, s'il n'y en a pas de plus commode. On se met à table, le Maître à la premiére place, les Etrangers & les Etrangéres à sa droite, les Officiers & les Officiéres à sa gauche, & les Surveillans vis-à-vis de lui. C'est là tout l'ordre que l'on observe ; car d'ailleurs, chacun se place comme bon lui semble, excepté seulement, qu'on tâche de mettre alternativement un Homme & une Femme, autant que le nombre & le sexe des convives le permettent.

Les Mopses se connoissent trop en plaisirs, pour ne pas savoir que ceux de la table sont peu de chose, lorsque la liberté n'y regne pas : aussi la prennent-ils toute entiére. Ils n'ont eu garde de s'assujettir dans leurs repas à certaines Cérémonies d'institution,

qui, quoiqu'elles ſervent quelquefois
à ranimer la gayeté, ne manquent jamais de l'éteindre lorſqu'elles ſont en
trop grand nombre, ou qu'elles re-
viennent trop ſouvent. Les Mopſes
n'en ont qu'une ſeule; encore ne l'ob-
ſervent-ils que de loin à loin, c'eſt-à-
dire, lorſque le Grand-Mopſe porte
une ſanté; car du reſte chacun boit
quand il a ſoif. Le Grand-Maître &
le Surveillant de jour ont un ſifflet
devant eux ſur la table, pour faire
faire ſilence, lorſqu'il y a quelque
choſe à communiquer à l'Aſſemblée.
Quand le Maître de la Loge veut
porter une ſanté, il donne un coup
de ſifflet, le Surveillant lui répond,
& tout le monde prête l'oreille. Le
Maître dit alors : *Verſez, Mopſes*, &
le Surveillant fait l'éco. Le Maître
continue : *Avez-vous verſé, Mopſes?*
Le Surveillant répéte encore. Quand
tout le monde a pris du vin, le Maître ſe léve, tous les Fréres & Sœurs
en font autant; il prend ſon verre, &

dit: *Surveillans, Etrangers & Etran-*
géres, Officiers & Officiéres, Nouveaux-
reçus & Nouvelles-reçues, Fréres &
Sœurs Mopſes, la premiére ſanté que
nous boirons, ſera celle de... (On commence ordinairement par le Souverain du Pays où l'on ſe trouve.) Chacun prend alors ſon verre de la même façon que le Grand-Mopſe a pris
le ſien, c'eſt-à-dire, qu'avec le pouce
& le premier doigt on tient la tige,
& qu'avec le petit doigt on embraſſe
la patte du verre, les deux autres
doigts étendus horizontalement. On
porte enſuite le vin aux lévres, on le
goute, après quoi on achéve de boire: on renverſe enſuite ſon verre ſans
deſſus deſſous dans une petite aſſiette
deſtinée à cet uſage, & on ſe remet à
table.

Une Aſſemblée d'Hommes & de
Femmes, compoſée de la plus bril-
lante jeuneſſe, ou de perſonnes, du
moins, qui ſont encore dans l'âge des
plaiſirs; un repas délicat, des vins ex-

quis, la gayeté, la cordialité, la familiarité même qui regnent parmi les convives, & par-dessus tout, le devoir qui leur est imposé, de se prêter à tout ce qui peut contribuer au plaisir commun; voilà sur quoi le Lecteur peut donner carriére à son imagination, pour se former une idée de ce qui se passe dans ces repas. La décence y est pourtant observée : on y fait l'amour, mais ce n'est ordinairement que des yeux : une déclaration plus expressive faite en pleine table, passeroit pour indiscrétion & pour grossiéreté, & l'on ne manque pas d'occasions, dans le lieu même, de s'expliquer plus clairement & sans contrainte.

Je laisse au Lecteur le soin de faire un parallèle entre cette Société & celle des Francs-Maçons. Ceux-ci ont contre eux la Proscription de la Cour de Rome & celle de plusieurs Souverains, justement scandalisés du Serment qu'ils font prêter à leurs Membres,

bres, & peut-être de quelques Cérémonies un peu profanes. Les Mopses n'ont rien de semblable à leur charge; mais n'abusent-ils pas un peu de ce qu'ils appellent *Sociabilité?*

J'Avois déja donné ceci à l'Imprimeur, lorsque je me suis souvenu d'une omission considérable. J'ai oublié d'avertir, qu'excepté les *Fréres-Servans*, il n'y a point de grades différens parmi les Mopses. Ce sont les Charges seules qui les distinguent: on n'y voit ni Apprentifs, ni Compagnons, ni Maîtres, & par conséquent aussi, ils n'ont qu'une seule Cérémonie pour les Réceptions.

Peu s'en est fallu aussi que je n'aie supprimé leur *Catéchisme*, qui ne contient presque autre chose que des Questions sur les Cérémonies de leur Entrée; mais j'ai promis quelque part de le donner, & il faut tenir parole. Le voici donc, mais extrêmement abrégé, parce que dans tous les en-

N

droits où il auroit fallu me répéter, je me contente de renvoyer à ce qui a déja été dit.

D. Etes-vous Mopfe?

R. Je ne l'étois pas il y a trente ans.

D. Qu'étiez-vous donc il y a trente ans?

R. J'étois un Chien, mais non pas un Chien domeftique.

D. Quand êtes-vous devenu do-meftique?

R. Lorfque mon Conducteur fe mit à grater & à aboyer à la porte.

D. Quand vous entrates dans la Société, que vous fit-on?

R. On me mit une Chaîne aux mains, & un Collier au cou.

Ici l'on fait diverfes queftions qui ont rapport aux formalités de la Réception.

D. Qu'eft-ce qui vous plait le plus dans la Loge?

R. Le Parquet.

D. Que repréfente-t'il?

Voyez la defcription de la Loge.

D. Que fignifie le Quarré?

R. Le fondement ftable de la Société.

D. Que fignifie le Cercle?

R. Comme tous les rayons d'un Cercle partent du même centre, il faut de même que toutes les actions d'un Mopfe partent d'un même principe, qui eft l'Amour, *ou bien l'on répond :* Le Cercle marque la perpétuité de la Loge.

L'explication des autres Figures fe trouve dans la defcription que j'en ai donnée.

D. D'où vient le vent?

R. De l'Orient.

D. Quelle heure eft-il?

R. Il eft de bonne heure.

D. Comment marchent les Mopfes?

R. On les tire par la chaîne, de l'Occident vers l'Orient.

D. Comment boivent-ils?

Voyez les Cérémonies de la Table.

N 2

C

LA

FR

Pr

CHANSONS

DE
LA TRÈS-VÉNÉRABLE
CONFRÉRIE
DES

FRANCS-MAÇONS,

Précédées de quelques Piéces de Poësie.

N 3

N
F
M
Toll
N

Sen
C
Savo
Mép

NORMA MORUM.

FIde Deo, diffide tibi, fac propria, caftas
  Funde preces, paucis utere, magna fuge.
Multa audi, dic pauca, tace abdita, difce
    minori
  Parcere, majori cedere, ferre parem.
Tolle moras, minare nihil, contemne fuperbos,
  Fer mala, difce Deo vivere, difce mori.

TRADUCTION EN VERS,

Par Mr. GOBIN.

NE point préfumer de foi-même,
S'appuyer fur l'Etre fuprême,
Ne former que d'utiles vœux,
Se contenter du néceffaire,
Ne fe mêler que d'une affaire,
C'eft le fûr moyen d'être heureux.
Les grands emplois font dangereux.
Ne point révéler de myftére,
  Tout entendre, mais peu parler;
Sentir fon avantage, & ne point accabler
  Celui fur qui nous avons la victoire;
Savoir céder aux grands, fupporter fes égaux,
Méprifer l'orgueilleux, fût-il couvert de
    gloire;

Ne s'étonner de rien , foutenir tous les maux ,
Quoique l'adverfité nous bleffe ,
Sans nous troubler & fans ennui ;
Bannir tout genre de pareffe ;
Et pour le dire enfin , la plus haute fageffe
Eft en vivant pour Dieu , de mourir avec lui.

A P O L O G I E

Des Francs-Maçons ,

Par Frére P R O C O P E , *Médecin & Franc-*
Maçon.

Quoi ! mes Fréres , fouffrirez-vous
Que notre augufte Compagnie
Soit fans ceffe expofée aux coups
De la plus noire calomnie?
Non , c'eft trop endurer d'injurieux foupçons :
Souffrez qu'à tous ici ma voix fe faffe enten-
dre ,
Permettez-moi de leur apprendre
Ce que c'eft que les Francs-Maçons.

Les gens de notre Ordre toujours
Gagnent à fe faire connoître ,
Et je prétens par mes difcours
Infpirer le défir d'en être.

Qu'eſt-ce qu'un Franc-Maçon? En voici le
    portrait:
C'eſt un bon Citoyen, un Sujet plein de
    zéle,
    A ſon Prince, à l'Etat fidéle,
    Et de plus, un Ami parfait.

    Chez nous regne une liberté,
    Toujours ſoûmiſe à la décence ;
    Nous y goutons la volupté,
    Mais ſans que le Ciel s'en offenſe.

Quoiqu'aux yeux du Public nos plaiſirs ſoient
    ſecrets,
Aux plus auſtéres loix l'Ordre fait nous aſ-
    traindre ;
    Les Francs-Maçons n'ont point à crain-
    dre,
    Ni les remords, ni les regrets.

    Le but où tendent nos deſſeins,
    Eſt de faire revivre Aſtrée,
    Et de remettre les humains
    Comme ils étoient du tems de Rhée.

    Nous ſuivons tous des ſentiers peu battus,
Nous cherchons à bâtir, & tous nos Edifices
    Sont, ou des priſons pour les vices,
    Ou des Temples pour les vertus.

(6)

Je veux, avant que de finir,
Nous difculper auprès des Belles,
Qui penfent devoir nous punir
Du refus que nous faifons d'elles.

S'il leur eft défendu d'entrer dans nos mai-
fons,
Cet ordre ne doit pas exciter leur colére:
Elles nous en loûront, j'efpére,
Lorfqu'elles fauront nos raifons.

Beau Sexe, nous avons pour vous,
Et du refpect, & de l'eftime;
Mais auffi nous vous craignons tous,
Et notre crainte eft légitime.

Hélas! on nous apprend pour premiére leçon,
Que ce fut de vos mains qu'Adam reçut la
pomme,
Et que, fans vos attraits, tout homme
Seroit peut-être un Franc-Maçon.

QUATRAIN,

Par Frére RICAUT.

POur le Public un Franc-Maçon
Sera toujours un vrai problême,

Qu'il ne sauroit résoudre à fond,
Qu'en devenant Maçon lui-même.

LES FRANCS-MAÇONS.

Songe.

ILluſtre Franc-Maçon, dont le cœur trop
     diſcret
Refuſe à l'amitié le tribut d'un Secret,
Apprens que j'ai percé les ombres du myſtére,
Ecoute le récit d'un ſonge qui m'éclaire.

     Avant que le Dieu du repos
Répandît ſur mes yeux ſes humides pavots,
    Frappé de la brillante image
De ces ſiécles heureux ſouſtraits à l'eſclavage
     De la frivole vanité,
Je regrettois ces jours où l'homme vraiment
     ſage
    Et peu jaloux d'une vaine ſplendeur,
Par la ſeule vertu décidoit la grandeur.
S'eſt-il donc écoulé pour ne plus reparoître,
    Cet Age plein d'attraits?
    Le Ciel, ſenſible à mes regrets,
    Ne le fera-t'il pas renaître?

Je ſoupirois encor, quand un ſonge char-
    mant,

Sur les pas du sommeil, dans ce sombre mo-
ment,
Fit à mon désespoir succéder l'espérance.
   ,, Ce tems heureux peut revenir ;
   ,, Mes loix vont regner sur la France ;
,, Le présent me répond d'un heureux avenir.
   C'étoit la voix de la Nature.
Mille graces sans fard composoient sa parure ;
Les innocens Plaisirs, les Vertus, sur ses pas
Fixoient les cœurs heureux qu'attiroient ses
appas.
Suîs-moi, dit la Déesse, & que ton cœur ad-
mire
Le rapide progrès de mon naissant empire.
Pour payer tes désirs, je dévoile à tes yeux
Un spectacle enchanteur préparé pour les
Dieux.
Arrête tes regards, & que ton cœur contem-
ple
Mes fidéles Sujets assemblés dans mon Tem-
ple.
Là, tous les cœurs unis, sans gêner leurs
désirs,
Font germer les vertus dans le sein des plai-
sirs.
Au tumulte des Cours ils préférent mes Fêtes ;
C'est ici que l'on voit les plus superbes têtes
Déposer leurs grands noms au pied de mes
Autels ;

Et malgré la fierté qu'inspire la fortune,
Ses favoris rangés sous une loi commune,
Donner le nom de Frére au moindre des mor-
tels.
Voilà sur les humains ma plus belle victoire :
Elle rappelle aux Grands la loi d'égalité,
Et fait fouler aux pieds l'Idole de la gloire,
Victime d'une aimable & noble liberté ;
Liberté qui n'a rien d'une injuste licence,
Qui des Rois & des Dieux fait respecter les
droits :
Mon regne a consacré la juste dépendance
Qu'impose le pouvoir, & des Dieux, & des
Rois.
Ne t'étonne donc plus de l'heureuse harmonie
Qu'enfante l'unité de ce brillant accord ;
La troupe que tu vois, par mes soins réunie,
A choisi pour ses loix les mœurs du Siécle d'or.
Si le Sexe est banni, qu'il n'en ait point d'al-
larmes ;
Ce n'est point un outrage à sa fidélité ;
Mais je crains que l'Amour entrant avec les
charmes,
Ne produise l'oubli de la fraternité.
Noms de frére & d'ami seroient de foibles
armes
Pour garantir les cœurs de la rivalité :
Dans le Sexe charmant trop d'*amabilité*
Exige des soupirs & quelquefois des larmes ;

Au plaisir d'être amis nuiroit la volupté.
C'en est assez, dit l'aimable Déesse,
Tu connois mes enfans, je ne t'ai rien celé ;
Juge par le secret que je t'ai révélé,
Si j'exige des cœurs une austére sagesse.
Pour confondre un vain Peuple & de folles
    rumeurs,
Des Fréres outragés vas publier les mœurs,
Et ne soupçonne point d'énigme imaginaire.
Leurs signes ne font rien ; pour être reconnus,
Ils n'ont d'autres signaux que ceux de leurs
    vertus.
S'il est quelque secret, c'est aux yeux du Vul-
    gaire,
Pour qui tant de vertus fut toujours un myf-
    tére.

A ces mots disparut le songe & le sommeil.
Permettez, Francs-Maçons, qu'à l'instant du
    réveil,
    Je cherche à vous faire connoître.
    Ne redoutez point les revers,
Illustres Citoyens, vous n'avez qu'à paroître
Pour ranger sous vos loix la France & l'U-
    nivers.

CHANSON DES MAITRES.

seul
Tous de concert, chantons A l'honneur de nos

Maitres. A l'envi célébrons Les faits de leurs

Ancêtres. Que l'écho de leurs noms Frappe la Terre et

l'Onde: Que l'écho de leurs noms Frappe la Terre et l'Onde

Et que l'Art des Macons Vole par tout le monde.

Fièrement
LE CHŒUR A l'Art Roïal pleins d'une noble ar-

-deur Ainsi qu'à ses Secrets rendons hommage

Tout bon Macon les garde dans le cœur Et

de l'ancienne Loge ils sont le gage.

B.

CHA

A
A
L
O
F
E
V

A l'Ar
Ainſi q
Tour h
Et de

L
O
S
L
E
N

CHANSON DES MAÎTRES.

Premier couplet, feul.

TOus de concert chantons
A l'honneur de nos Maîtres;
A l'envi célébrons
Les faits de leurs Ancêtres;
Que l'éco de leurs noms
Frappe la terre & l'onde,
Et que l'Art des Maçons
Vole par tout le Monde.

C H OE U R.

A l'Art Royal pleins d'une noble ardeur,
Ainfi qu'à fes fecrets rendons hommage:
Tout bon Maçon les garde dans le cœur,
Et de l'ancienne Loge ils font le gage.

Autres Couplets, feul.

Les Rois les plus puiffans
Que vit naître l'Afie,
Savoient des bâtimens
La jufte fymétrie;
Et des Princes Maçons,
Marqués dans l'Ecriture,

Aujourd'hui nous tenons
La noble Architecture.

Par leur poſtérité,
L'Art Royal dans la Gréce
Parut dans ſa beauté,
Dans ſa délicateſſe;
Et peu de tems après,
Vitruve, ſavant homme,
L'accrut avec ſuccès
Dans la ſuperbe Rome.

Delà tout l'Occident
Reçut cette Science,
Et principalement
L'Angleterre & la France,
Où parmi les loiſirs
D'une agréable vie,
On jouit des plaiſirs
De la Maçonnerie.

Nous qui voyons ce tems,
Cet heureux tems, mes Fréres,
Et ce nectar charmant
Remplir ſouvent nos verres,
Béniſſons à jamais
Du Monde l'Architecte,

Qui

CHANSON DES SURVEILLANS.

seul

Adam à sa posterité Transmit de l'Art la connois-
sance. Et Cain par l'expérience en démontra l'utilité. C'est lui qui bâtit une Ville Dans un pays de
l'Orient. Où l'Architecture Civile Prit d'abord
son commen-cement.

LE CHŒUR De notre Art chantons l'excel-
lence, Ses secrets font notre bonheur:
Exaltons, exaltons sa magnificence.
Qui des Rois montre la grandeur.

C

HAN

A
Tra
Et C
En
C'e
Da
Où
Pri

De n
Ses
Esc
Qui

Juba
Fut
Où
De
Cet

Qui joint à ſes bienfaits
Ce jus qui nous humecte.

CHANSON DES SURVEILLANS.

Premier Couplet, ſeul.

ADam à ſa poſtérité
Tranſmit de l'Art la connoiſſance;
Et Caïn par l'expérience
En démontra l'utilité:
C'eſt lui qui bâtit une Ville
Dans un Pays de l'Orient,
Où l'Architecture civile
Prit d'abord ſon commencement.

C H O E U R.

De notre Art chantons l'excellence;
Ses ſecrets font notre bonheur:
Exaltons ſa magnificence,
Qui des Rois montre la grandeur.

Autres Couplets, ſeul.

Jubal, le pére des Paſteurs,
Fut le premier qui fit des tentes,
Où paiſible il vivoit des rentes
De ſes innocentes ſueurs.
Cette Architecture champêtre

O

Servit depuis pour le Soldat,
Et les Héros que Mars fait naître,
L'embelliffent de leur éclat.

❀

Jamais Neptune fur fes eaux,
De l'Architecture navale
N'eût vu la grandeur martiale,
Ni des Commerçans les Vaiffeaux,
Si Noé, favant Patriarche,
Eclairé par le Tout-puiffant,
De fa main n'eût de la belle Arche
Conftruit le vafte bâtiment.

❀

Les Mortels devenant nombreux,
Auffi-tôt on vit l'injuftice
Joindre à la force l'artifice
Pour opprimer les malheureux :
Le foible alors pour fe défendre
Contre Nemrod, fier Conquérant,
Entre les forts alla fe rendre,
Et lui réfifta vaillanment.

❀

Le mépris du divin Amour
Fit que les Hommes fanatiques
Bientôt après firent des briques,
Pour Babel la fameufe Tour :
La différence du langage

Vint déconcerter ces Maçons,
Qui renoncerent à l'ouvrage ,
Contens d'habiter des maisons.

❋

Moïse par le Ciel *guidé* ,*
Bâtit l'auguste Sanctuaire,
Où des vérités la lumiére
Par l'Oracle étoit *annoncée.*
Dès-lors la sainte Architecture
Pour l'Idole étoit *profanée*,
Et sa magnifique structure
Charmoit le mortel *étonné.*

❋

Le pacifique Salomon
Avoit de son tems l'avantage
D'être des Hommes le plus sage,
Et le plus excellent Maçon :
Il érigea de Dieu le Temple,
Qui fut le chef-d'œuvre de l'Art,
Et tous les Rois à son exemple,
Furent Maçons de toute part.

❋

De l'Art toute la *majesté*,*
En Gréce, en Egypte, en Sicile,

*On prie le Poëte (Franc-Maçon sans doute) de faire accorder ici les régles de la Grammaire avec celles de la Poësie.

A Rome, en France, en cette Ville,
Delà fut après *transportée*.
Aujourd'hui nous paſſons l'Aſie
Par la beauté des bâtimens ;
Et mieux qu'elle avec l'ambroiſie
Nous buvons des vins excellens.

On reprend le Chœur.

CHANSON DES COMPAGNONS.

Premier Couplet, ſeul.

ARt divin, l'Etre ſuprême
Daigna te donner lui-même,
Pour nous ſervir de ramparts.
Que dans notre illuſtre Loge
Soit célébré ton éloge,
Qu'il vole de toutes parts.

C H OE U R.

Que dans notre illuſtre Loge
Soit célébré ton éloge,
Qu'il vole de toutes parts.

Autres Couplets, ſeul.

Soit que loin Phébus recule,
Soit que de près il nous brule,

CHANSON DES COMPAGNONS.

Art divin, l'Être suprême Daigna te donner lui même Pour nous servir de Remparts =parts: Que dans notre illustre Loge Soit celebré ton éloge Qu'il vole de toutes parts.

Faisons retentir sa Gloire Honorons en la me= moire. Par nos Vers et nos Chansons: Que le jus de la Vendange Se repan ===de á sa lou= ange. Parmi les bons Compagnons.

CHANSON DES APPRENTIFS.

Fierement seul

Freres et Compagnons . De la Maconne =

rie Sans chagrin jouisson Des plaisirs de la

Vie = = e Munis d'un rouge bord Que par trois

fois un signal de nos verres, Soit

une preuve que d'accord Nous bu

vons à nos Freres.

Le Chœur repete à chaque Couplet, Munis

d'un rouge bord , &c.

Toujours cet Art nous défend.
C'eſt par la Géométrie
Que ſa noble Symétrie
Des cinq beaux Ordres dépend.

Faiſons retentir ſa gloire,
Honorons-en la mémoire
Par nos vers & nos chanſons;
Que le jus de la vendange
Se répande à ſa louange
Parmi les bons Compagnons.

CHANSON DES APPRENTIFS.

Premier Couplet.

Fréres & Compagnons
De la Maçonnerie,
Sans chagrin jouiſſons
Des plaiſirs de la vie.
Munis d'un rouge bord,
Que par trois fois un ſignal de nos verres
Soit une preuve que d'accord
Nous buvons à nos Fréres.

Le monde eſt curieux
De ſavoir nos ouvrages;

(18)

Mais tous nos envieux
N'en feront pas plus fages.
Ils tâchent vainement
De pénétrer nos fecrets, nos myftéres;
Ils ne fauront pas feulement
Comment boivent les Fréres.

Ceux qui cherchent nos mots,
Se vantant de nos fignes,
Sont du nombre des fots;
De nos foucis indignes.
C'eft vouloir de leurs dents
Prendre la Lune dans fa courfe altiére.
Nous-mêmes ferions ignorans
Sans le titre de Frére.

On a vu de tout tems
Des Monarques, des Princes
Et quantité de Grands,
Dans toutes les Provinces,
Pour prendre un tablier,
Quitter fans peine leurs armes guerriéres,
Et toujours fe glorifier
D'être connus pour Fréres.

L'Antiquité répond
Que tout eft raifonnable,

Qu'il n'eſt rien que de bon,
De juſte & vénérable
Dans les Sociétés
Des vrais Maçons & légitimes Fréres.
Ainſi buvons à leurs ſantés,
Et vuidons tous nos verres.

Joignons-nous main en main,
Tenons-nous ferme enſemble,
Rendons grace au Deſtin
Du nœud qui nous aſſemble,
Et ſoyons aſſurés
Qu'il ne ſe boit ſur les deux Hémiſphéres
Point de plus illuſtres ſantés
Que celles de nos Fréres.

*A ce dernier Couplet on dira trois fois
la petite Repriſe.*

Voyez ci-deſſous la ſuite.

Suite de la Chanſon des Apprentifs,

*Par le Frére ********.*

Réres & Compagnons
De cet Ordre ſublime,
Par nos chants témoignons

O 4

L'efprit qui nous anime.
Jufques fur nos plaifirs
De la vertu nous appliquons l'équerre,
Et l'Art de régler fes défirs
Donne le nom de Frére.

C'eft ici que de fleurs
La Sageffe parée,
Rappelle les douceurs
De l'Empire d'Aftrée.
Ce nectar vif & frais,
Par qui fouvent s'allument tant de guerres,
Devient la fource de la paix
Quand on le boit en Fréres.

Par des moyens fecrets,
En dépit de l'envie,
Sans remords, fans regrets
Nous feuls goutons la vie.
Mais à des biens fi grands
En vain voudroit afpirer le vulgaire;
Nous-mêmes ferions ignorans
Sans le titre de Frére.

Profanes, curieux
De favoir notre ouvrage,
Jamais vos foibles yeux

N'auront cet avantage.
Vous tâchez follement
De pénétrer nos plus profonds myſtéres ;
Vous ne ſaurez pas ſeulement
Comment boivent les Fréres.

Si par hazard l'ennui
Donne quelques allarmes,
Auſſi-tôt contre lui
Nous chargeons tous nos armes,
Et par l'ardeur d'un feu
Plus pétillant que les foudres guerriéres,
Nous chaſſons bientôt de ce lieu
Cet ennemi des Fréres.

Buvons tous en l'honneur
Du paiſible Génie,
Qui préſide au bonheur
De la Maçonnerie.
Dans un juſte rapport,
Que par trois fois un ſignal de nos verres
Soit le ſymbole de l'accord
Qui regne entre les Fréres.

Joignons-nous main en main,
Tenons-nous ferme enſemble,
Rendons grace au Deſtin

Du nœud qui nous assemble,
Et que cette unité,
Qui parmi nous couronne les mystéres,
Enchaine ici la volupté
Dont jouissent les Fréres.

On répéte ces deux vers trois fois.

DUO

Pour les Francs-Maçons,

Par le Frére Naudot.

LOrsque sous le regne d'Astrée
L'innocence guidoit nos pas,
L'on ne voyoit point de combats,
Ni la terre de morts jonchée.
En voici, Frére, la raison :
Chaque Homme étoit un Franc-Maçon.
Tous les petits, comme les grands,
Sans nulle plainte ni murmure,
Partageoient également
Les biens que produit la Nature.

Autres Chansons nouvelles.

SUr notre Ordre en vain le vulgaire
Raisonne aujourd'hui ;

Il veut pénétrer un myſtére
   Au-deſſus de lui.
Loin que la critique nous bleſſe,
Nous rions de ſes vains ſoupçons
Savoir égayer la Sageſſe,
C'eſt le Secret des Francs-Maçons.

Bien des gens diſent qu'au Grimoire
   Nous nous connoiſſons,
Et que dans la Science noire
   Nous nous exerçons.
Notre Science eſt de nous taire
Sur les biens dont nous jouiſſons :
Il faut avoir vu la lumiére
Pour gouter ceux des Francs-Maçons.

Se comporter en toute affaire
   Avec équité,
Aimer & ſecourir ſon Frére
   Dans l'adverſité,
Fuir tout procédé mercénaire,
Conſulter toujours la raiſon,
Ne point ſe laſſer de bien faire,
C'eſt la régle d'un Franc-Maçon.

Accordez-nous votre ſuffrage,
   O Sexe enchanteur !

Tout Franc-Maçon vous rend hommage
    Et s'en fait honneur.
C'est en aquérant votre estime,
Qu'il se rend digne de ce nom:
Qui dit un ennemi du crime,
Caractérise un Franc-Maçon.

＊

Samson à peine à sa Maîtresse
    Eut dit son secret,
Qu'il éprouva de sa foiblesse
    Le funeste effet.
Dalila n'auroit pu le vendre;
Mais il auroit trouvé Samson
Plus discret & tout aussi tendre,
S'il avoit été Franc-Maçon.

POUR LES FRANCS-MAÇONS.

Décembre 1743.

Sur l'air de la Bequille.

LA lanterne à la main,
En plein jour dans Athène,
Tu cherchois un Humain,
Sévére Diogéne.
De tous tant que nous sommes
Visite les maisons,

Tu trouveras des hommes
Dans tous nos Francs-Maçons.

L'heureuse Liberté
A nos Banquets préside ;
L'aimable Volupté
A ses côtés réside ;
L'indulgente Nature
Unit dans un Maçon,
Le charmant Epicure
Et le divin Platon.

Pardonne, tendre Amour,
Si dans nos Assembiées
Les Nymphes de ta Cour
Ne font point appellées.
Amour, ton caractére
N'est pas d'être discret ;
Enfant, pourrois-tu taire
Notre fameux Secret ?

Tu fais affez de maux,
Sans troubler nos myftéres ;
Tu nous rendrois rivaux,
Nous voulons être Fréres.
Notre chere famille
Redoute les débats

Qu'enfante la Bequille
Du Pére Barnabas.

Toutefois ne crois pas
Que des ames fi belles
A voler fur tes pas
Soient conftanment rébelles.
Nos foupirs font l'éloge
Des douceurs de ta loi;
Au fortir de fa Loge,
Tout bon Frére eft à toi.

Mes Fréres, par ma voix,
Un Eléve d'Horace,
Jaloux de votre choix,
Vous demande une place.
De la Maçonnerie
Il eft bien plus épris,
Que de la Confrérie
De certains Beaux-Efprits.

CHANSON

Sur l'Air : *Vlà c'que c'eft qu'd'aller au bois.*

Dans nos Loges nous bâtiffons:
Vlà c'que c'eft qu'les Francs-Maçons.

Sur les Vertus nous élevons
  Tous nos édifices,
  Et jamais les Vices
N'ont pénétré dans nos maisons:
Vlà c'que c'est, &c.

Nos Ouvrages font toujours bons:
Vlà c'que c'est, &c.
Dans les plans que nous en traçons,
  Notre régle est sûre;
  Car c'est la Nature
Qui guide & conduit nos crayons:
Vlà c'que c'est, &c.

Des Autels pompeux nous faisons:
Vlà c'que c'est, &c.
Aux Talens nous les consacrons.
  Les Muses tranquiles,
  Peuplent nos aziles
De leurs illustres nourriçons:
Vlà c'que c'est, &c.

Beautés pour qui nous soupirons:
Vlà c'que c'est, &c.
Vos attraits que nous révérons,
  De l'Etre suprême

Sont l'image même ;
C'eft lui qu'en vous nous adorons :
Vlà c'que c'eft, &c.

Aux Profanes nous l'annonçons :
Vlà c'que c'eft, &c.
Modérés dans leurs paffions,
    Difcrets près des Belles,
    Sincéres, fidéles,
Amis parfaits, bons compagnons :
Vlà c'que c'eft, &c.

AUTRE,

Sur l'Air : *Nous vivons dans l'innocence.*

Tous les plaifirs de la vie
N'offrent que de vains attraits,
Et leur douceur eft fuivie
D'amertume & de regrets ;
La feule Maçonnerie
Offre des plaifirs parfaits.

Par la tranquile innocence
Ce féjour eft habité ;
Du poifon de la licence

Jamais

Jamais il n'eſt infecté ;
Et c'eſt toujours la décence
Qui régle la volupté.

On finiſſoit d'imprimer ce Recueil, lorſque j'ai reçu
une copie du Remerciment que l'Abbé Fréron a fait ces
jours derniers à la Maçonnerie, le ſoir même de ſa Ré-
ception. Il eſt étonnant que cet Abbé, qui ne paſſe point
pour être zélateur des Formules Académiques, ait paru
vouloir en faire uſage en entrant dans une Société où
le compliment eſt auſſi redouté que l'indiſcrétion. Le
voici tel qu'il m'a été communiqué.

Sur l'Air de la *Confeſſion.*

Fr. IL m'eſt donc permis,
Mes chers amis,
A votre exemple,
De ſuivre le cours
Des plaiſirs qui filent vos jours.
Avec quels tranſports mon œil contemple
Cet auguſte Temple !
Le vulgaire obſcur,
De nos mépris ſujet trop ample,
De ſon ſouffle impur
N'en ternira jamais l'azur.

Mais en quoi conſiſte, je vous prie,
La Maçonnerie ?
Le Vén. Payer le tribut
A l'amitié tendre & chérie ;

P

C'eſt le ſeul Statut
De notre charmant Inſtitut.

✻

Fr. Quels plaiſirs, quand le Ciel vous raſ-
ſemble,
Goutez-vous enſemble?

✻

Le Vén. Des plaiſirs ſi doux,
Qu'aucun plaiſir ne leur reſſemble;
Des plaiſirs ſi doux,
Que les Rois même en ſont jaloux.

✻

Fr. Dites-moi ce qu'il me reſte à faire,
Pour vous ſatisfaire.

✻

Le Vén. Sois ſage & diſcret,
Sache moins parler que te taire,
Préviens le regret
Qui ſuivroit l'aveu du ſecret.

✻

Fr. Je ſavois, avant que ma perſonne
Devînt Franc-Maçonne,
Garder le *tacet*;
C'eſt un art que le Ciel nous donne;
Ce petit Colet
Répond que je ſerai diſcret.

CHANSON DES FRANCS-MAÇONS
HORS DES LOGES.

Noé. Maçon très venerable . Pour eclairer le
genre-humain. Prit la grappe, fit le vin Liqueur aimable --ble Que tout verre soit plein
De ce jus delectable Par ses esprits restaurons.
nous Ah·ah·ah·qu'il est doux·En Maçons.en
Maçons honorons la table Ah·ah·qu'il est
doux Ah·qu'il est dous·En Maçons. en Maçons
honorons la table

LE CHŒUR repete à chaque Couplet. Ah·qu'il
est doux·à cette marque .S.

F

Qu'u

CHANSON

Qu'un Franc - Maçon peut chanter à Table
& hors de la Loge,

Par le Frére de la Tierce.

I.

Noé, Maçon très-vénérable,
Pour éclairer le Genre humain,
Prit la Grape, fit le Vin,
   Liqueur aimable.
Que tout verre foit plein
De ce jus délectable :
Par fes efprits reftaurons-nous.
   Ah ! qu'il eft doux !
En Maçons honorons la Table.

I I.

De notre Art cet augufte Pére
Par l'Arche triompha de l'Eau,
Qui ne fut point le tombeau
   D'un feul bon Frére.
   Il bâtit le Tonneau,
   La Bouteille & le Verre,
Et s'écria : Reftaurons-nous.
   Ah ! qu'il eft doux !
En Maçons fuivons la Lumiére.

F I N.

AVIS AU RELIEUR.

IL faut conserver le papier blanc qui se trouve à côté des Planches I.IV. II-V. & VIII. afin de les faire déborder hors du Livre. Les pages où les Planches doivent être placées, sont marquées ci-dessous.